부동산
개발사업
성공과 실패

우덕성 저

박영사

목 차

제 5 장 부동산개발사업의 재구성

서 문

이 책은 부동산개발사업의 업무 메뉴얼에 관한 책이 아니다. 바둑에 비유하자면 부동산개발사업의 사활(死活)을 다룬 책이다.

저자는 1990년 변호사를 시작한 이래 IMF 직후까지 리스 업무에 관한 자문을 주로 했다. 거의 10년을 자문한 리스사가 인수합병으로 국내 최대의 리스사가 된 후 PF대출(Project Financing) 여신전문금융회사가 되었다. 그 당시부터 부동산개발사업자들을 위해 PF대출과 관련한 자문을 하면서 부동산개발사업을 접하게 되었다. 부동산개발사업자들과 토지를 사러 다니고 개발사업 부지의 주민들을 위한 사업설명회에 참석하면서 부동산개발사업의 많은 것을 보고 배웠다.

흔히들 부동산개발사업에 대하여 '작은 사무실에 직원 몇 명 데리고 수천억 원짜리 사업을 하는 것을 보면 이해가 안 돼'라고 한다. 이 말에는 여러 의미가 있겠지만 부동산개발사업자가 별로 많은 일을 하지 않으면서도 큰 이익을 얻는 것을 빗대서 하는 말이라고 생각한다. 그러나 이와 같은 생각은 정말 큰 착각이다. 부동산개발사업자는 사업 부지의 토지주, 인허가 담당 공무원, 대출금융기관 담당자, 신탁사 담당자, 건설회사 직원, 설계사무소 및 기타 용역회사 담당자 그리고 사업지 인근의 주민들까지 직접 만나서 설득하고 이해관계를 조정한다. 그리고 부동산개발사업의 전망이 좋다는 소문이 나면 어김없이 사업을 빼앗으러 오는 적들과 전쟁을 치러야 한다.

보안이 요구되는 일의 성격상 여러 명이 업무를 나누어서 할 수도 없고 직원을 통해 보고를 받아서는 해결할 수 없는 문제가 대부분이다. 그리고 계속 상황이 변화하는 과정에서 중요한 최종 결정을 혼자 해야 하는 극도로 스트레스를 받는 일이다.

문제는 이러한 모든 일을 부동산개발사업자 혼자 또는 부동산개발사업자의 업무를 대신할 소수의 직원이 수행하기 때문에 개발사업의 방향을 결정하는데 반드시 검토해야 하는 사실을 간과하거나 직관에 의존하여 판단을 잘못하는 경우가 많다.

저자는 2017년 초 예금보험공사가 2011년 저축은행사태 이후 파산한 저축은행이 PF대출한 부동산개발사업을 관리하고 있으며, 관리하는 부동산개발사업 중 상당수가 여러 장애 요인으로 인하여 부동산개발사업과 관련한 부동산 및 채권 등 자산(예금보험공사의 매각을 위한 규정에서는 이와 같은 자산을 'PF 자산'이라 한다)을 매각하는 데 어려움을 겪고 있다는 사실을 알게 되었다. 저자는 매각 장애 요인과 그 해결 방안을 찾아내서 잠재적인 매수인들에게 제공하면 PF 자산 매각에 도움이 될 것이라고 예금보험공사를 적극적으로 설득하는 한편 예금보험공사 직원들을 대상으로 수차례 강의도 하였다.

실제로 저자가 조언한 방법으로 일부 PF 자산이 매각되자 예금보험공사는 이처럼 장애 요인의 해결 방안을 잠재적 매수인들에게 제공하는 방식의 매각 방법을 '신 매각 방법'이라고 언론에 홍보하고, 중요 20여 개 부동산개발사업에 대하여 PF 자산 매각 방안을 위한 용역을 의뢰하였다.

당시 저자는 의뢰받은 부동산개발사업과 관련한 자료를 검토함과 동시에 서울은 물론 경기도 파주, 경남 양산, 경북 구룡포, 강원도 춘천, 대전, 전남 신안 등 전국에 흩어져 있는 사업장을 전부 방문하였다. 직접 사업장을 방문한 이유는 처음 부동산개발사업자가 기획하고 상상한 부동산개발사업은 무엇이었는지, 현재 상황은 어떻게 변경이 되었는지, 그리고 이 같은 변경의 원인은 무엇인지, 부동산개발사업을 다시 정상화할 방안은 무엇인지, 현재 매각 장애 요인을 뒤에서 조종하고 있는 사람이 있다면 누구인지를 파악하기 위해서였다. 위와 같은 내용을 파악하기 위해서는 사업장 주변의 주민들과의 면담과 실제로 현장을 점거하거나 피해자라고 주장하는 사람들과의 통화나 면담 및 관할 지방자치단체 담당자와의 직접 면담이 필요하다.

당시 저자가 작성한 용역 보고서에 의한 방식으로 상당수의 PF 자산이 매각주관사 없이 매각되었다. 그러나 이 책의 '제5장 부동산개발사업의 재구성'의 사업장과 같이 통제불능의 상태가 된 부동산개발사업의 PF 자산 매각은 매각주관사가 관여하여 적극적으로 잠재적 매수인들에게 장애 요인과 해결 방안을 설명할 필요가 있었다. 당시 예금보험공사의 매각주관사 선정 관련 규정은 매각주관사는 회계법인만이 할 수 있고, 회계법인은 필요할 경우 법무법인의 자문을 받을 수 있도록 되어 있었다. 그런데 문제는 회계법인은 부동산개발사업에 경험이 없고 특히 복잡한 법률문제가 얽히면 잠재적 매수인들을 위한 실효성 있는 해결 방안을 제공할 수가 없었다. 저자는 예금보험공사에 복잡한 법률 쟁점이 있는 PF 자산은 회계법인보다는 부동산개발사업의 자문 경험이 있는 법무법인이 적합하다는 점을 강조하였다. 결국 예금보험공사는 법무법인도 매각주관사가 될 수 있다는 내용으로 규정을 변경하였고, 법무법인이 최초로 예금보험공사의 PF 자산 매각을 위한 매각주관사가 되어 각종 분쟁으로 인하여 거의 매각이 불가능하다고 평가된 여러 부동산개발사업의 PF 자산을 직접 매각하였다.

이와 같은 20여 년간의 부동산개발사업과 관련한 경험을 통하여 저자는 부동산개발사업의 중단이나 실패는 부동산경기불황 등의 외부적인 요인 외에 부동산개발사업자와 부동산개발사업을 자문하는 변호사의 잘못된 판단에도 기인한다는 사실을 확인하였다. 이 책은 개발과정에서 발생하는 모든 문제에 대하여 최종적인 판단을 해야 하는 부동산개발사업자와 부동산개발사업의 담보력을 판단해야 하는 대출금융기관 그리고 부동산개발사업을 자문하는 변호사들이 부동산개발사업의 본질과 중요한 쟁점을 정확하게 이해하는 데 도움이 될 것이다.

§

부동산개발사업은 토지의 사용권 및 소유권을 취득하여, 그 토지에 대하여 건축물을 건축하거나 체육시설을 설치할 수 있는 개발행위허가를 받고, 그 토지 위에 건축물을 건축하거나 체육시설을 설치하고, 그 건축물이나 체육시설을 타인에게 공급하는 사업을 말한다. 이 책은 이와 같은 부동산개발사업의 정의에 따라 부동산개발사업을 위한 토지의 취득, 부동산개발사업 사업권, 건축물이나 체육시설의 공급과 관련하여 반드시 검토해야 하는 중요한 쟁점들에 대하여 설명하였다.

이 책은 총 5개 장으로 구성되었다. 제1장은 부동산개발사업의 정의와 절차 그리고 부동산개발사업의 기초적인 이해를 위한 관련 법률의 목적과 규율 대상 및 중요 용어를 설명한다. 제2장은 토지의 취득과 관련하여 반드시 검토하여야 하는 명의신탁 그리고 토지비 등 사업자금 조달을 위한 부동산신탁의 이해와 부동산개발사업과 수분양자를 보호하는 금지사항의 부기등기 및 소유권이전등기청구권 압류, 가등기, 체비지취득 및 채권자대위권 그리고 골프장개발사업을 위한 토지수용과 관련한 여러 쟁점을 설명한다. 제3장은 부동산개발사업 사업권의 정의와 사업권의 양도와 관련한 계약인수와 소유권이전등기청구권의 양도 시 유의할 점, 주식 양도담보와 주식 근질권의 행사에 의한 경영권 확보 방법, 주주총회 특별결의 필요 유무, 법인격을 남용하는 경우의 대처 방법, 신탁사의 공매로 골프장 부지를 취득할 경우 골프장사업권 및 입회비반환채무의 승계를 인정한 대법원 전원합의체 판결의 문제점과 향후 회원제 골프장 매입을 위한 전략, 부동산개발사업 사업권의 양도가 사해행위가 되는지 등 여러 복잡한 문제를 소개하고 해결 방안을 제시한다. 그리고 부동산개발사업 사업권의 가치를 산정하는 방안을 설명한다. 제4장은 공급질서를 교란하는 주택분양의 효력과 유치권과 관련한 여러 쟁점을 설명한다. 제5장은 독자들에게 부동산개발사업의 성공과 실패의 원인이 무엇이고, 사업의 단계마다 중요한 판단과 결정을 하기 위해서 반드시 검토해야 하는 것이 무엇인지를 간접적으로 경험할 기회를 제공하기 위해 재래시장 개발사업의 기획에서부터 건축물의 공급까지의 사례를 재구성하였다.

§

이 책의 제3장은 파산이 예상되는 건설사가 보증한 대출 채권과 우선수익권을 담보로 발행된 자산담보부기업어음(ABCP)을 이용하여 부동산개발사업 사업권을 **빼앗고** 입찰방해를 하여 사업 부지를 헐값에 매수하는 행위와 그 원인에 대하여 자세하게 기술하였다. 부동산개발사업 사업권의 가치와 부동산신탁 및 자산 유동화를 이해하는데 좋은 사례가 될 것이다. 그러나 이와 같은 행위가 건설사의 손실과 금융기관의 부실로 이어지면서 저축은행사태와 같은 상황이 발생하였다. 그리고 금융기관의 부실은 국민의 혈세로 만들어진 엄청난 금액의 공적자금을 투입하게 하고, 결국 모든 손해는 국민이 부담한다. 그리고 이 책에서 설명하고 있는 대부분 사례는 실제로 부동산개발사업이 중단되거나 부동산개발사업자가 수차례 변경되면서 큰 비용이 발생한 경우다. 그렇다면 이와 같은 부동산개발사업과 관련한 비용을 줄이는 방안은 무엇일까?

첫째, 부동산개발사업자와 대출금융기관의 부동산개발사업에 대한 정확한 이해가 필요하다.

부동산개발사업자가 중요한 순간에 판단을 잘못하거나 대출금융기관이 부동산개발사업의 여러 쟁점에 대한 해결책을 잘 알지 못하고 단순히 건설사의 책임준공이나 신용보강을 담보로 대출을 실행할 경우 시행사와 건설사에서 금융기관으로 이어지는 연쇄 파산이 생길 수 있다.

둘째, 불필요한 소송의 자제와 합의를 위한 노력이 필요하다. 부동산개발사업은 다양한 당사자들의 이해관계가 충돌한다. 모든 이해관계의 충돌이 소송이나 분쟁으로 이어진다면 사업 기간과 타이밍이 가장 중요한 부동산개발사업은 실패할 가능성이 크다. 부동산개발사업에서 소송은 절대적으로 필요한 경우에 최소한으로 제기되어야 한다. 소송을 당하는 경우라도 본질적으로 소송이 가진 소송지연과 판결의 예측 불가능성이 부동산개발사업을 실패로 이끄는 중요한 원인임을 염두에 두고 소송수행을 해야 한다.

셋째, 사후적인 감독과 책임의 강화를 위한 제도가 필요하다. 부동산개발사업자나 대출금융기관 및 신탁사의 법 위반이나 도덕적 해이를 방지하기 위해서는 시장을 위축시킬 가능성이 있는 사전 규제보다는 사후적으로 지속적인 감독을 강화하고 관련자의 범법 행위에 대하여 무거운 책임을 물을 수 있는 관련 법규의 보완이 필요하다.

넷째, 행정절차의 간소화를 위한 통합심의의 확대가 필요하다. 최근 수도권 주택공급 증대를 위하여 도시정비법이 개정되어 공공재개발과 공공재건축의 경우는 개발행위허가(사업시행계획인가)를 위한 건축심의, 경관심의, 교육환경평가, 지구단위계획심의, 교통영향평가, 재해영향평가, 환경영향평가를 통합해서 심의한다. 이와 같은 통합심의는 정부나 한국토지주택공사가 사업주체인 공공재개발이나 공공재건축사업만이 아니라 민간이 사업주체인 모든 부동산개발사업에 확대 적용하여야 한다. 신속한 부동산개발사업을 위한 행정절차의 간소화와 통합심의의 확대는 부동산개발사업으로 인한 비용을 줄이는 중요한 방안이다.

§

이 책은 부동산개발사업의 정의에 기초하여 처음부터 끝까지 일관성을 유지하면서 논리적으로 서술하려고 노력하였다. 우선 이해가 안 되는 부분은 지나치면서 전체를 한 번 읽기를 바란다. 개별 쟁점의 이해도 중요하지만, 부동산개발사업이라는 숲을 볼 수 있는 안목을 키우는 것이 부동산개발사업에서 성공할 수 있는 제일 좋은 방법이라고 생각한다.

이 책이 진행 중인 부동산개발사업은 좀 더 안전하고 효과적으로 수행하고, 위기에 닥친 부동산개발사업은 최소의 비용으로 위기를 탈출하는 데 일조가 되기를 바란다.

2021년 6월
우덕성

제1장

부동산개발사업의 이해

제 1 장

부동산개발사업의 이해

Ⅰ. 부동산개발사업의 정의

1. 절차와 행위의 관점에서 본 부동산개발사업

부동산개발사업은 토지의 사용권 및 소유권을 취득하여, 그 토지에 대하여 건축물[1]을 건축하거나 체육시설[2]을 설치할 수 있는 개발행위허가를 받고, 그 토지 위에 건축물을 건축하거나 체육시설을 설치하여, 타인에게 건축물이나 체육시설을 공급[3]하는 영리를 목적으로 하는 사업[4]을 말한다. 이

---

[1] 건축법 제2조 제1항 2호 건축물이란 토지에 정착하는 공작물 중 지붕과 기둥 또는 벽이 있는 것과 이에 딸린 시설물, 지하나 고가의 공작물에 설치하는 사무소·공연장·점포·차고·창고를 말한다.
  토지에 정착하는 공작물 중 건축물이 아닌 공작물은 도로(고가도로, 터널 포함)가 있다. '컨테이너 하우스'는 토지에 정착하면 건축물이다(대법원 1991. 6. 11. 선고 91도945 판결).
[2] 체육시설의 설치·이용에 관한 법률 시행령 별표 1에 규정된 골프장이나 스키장 등을 말한다.
[3] 공급은 2인 이상에게 건축물을 매매, 임대하거나 체육시설의 이용권을 양도

경우 부동산개발사업은 (1) 토지의 취득 (2) 토지에 대한 개발행위허가 (3) 건축물의 건축이나 체육시설의 설치 (4) 건축물이나 체육시설의 공급을 요소로 한다.

2. 가치와 권리의 관점에서 본 부동산개발사업

부동산개발사업은 건축물이나 체육시설의 공급을 통한 영리를 목적으로 조직되고, 토지 매수인의 지위, 개발행위허가를 받은 자의 지위, 신탁계약과 건설도급계약 당사자의 지위, 공급자의 지위가 유기적 일체로서 기능하는 사업을 말한다. 이 경우 부동산개발사업은 (1) 토지 매수인의 지위 (2) 개발행위허가를 받은 자의 지위 (3) 각종 계약 당사자의 지위 (4) 공급자의 지위를 요소로 한다.

3. 부동산자산운용업 및 부동산임대업

가. 토지의 취득과 개발행위허가

건축물의 취득과 관리 및 매각을 업으로 하는 부동산자산운용업이나 건축물의 임대를 업으로 하는 부동산임대업은 토지의 취득이나 토지에 대한 개발행위허가 절차가 없다는

하는 것을 의미한다. 공급은 분양과 같은 말이다. 관련 법이나 판결에서 공급과 분양을 혼용하기 때문에 본서에서도 혼용한다.

4) 영리를 목적으로 하는 사업을 영업이라고 한다. 상법 제7장은 영업의 양도를 전제로 한 내용을 규정하고 있다. 그리고 부동산개발사업의 주체를 부동산개발사업자 또는 시행자(법인은 시행사)라고 한다.

점에서 부동산개발사업과 다르다.

나. 부동산개발사업의 확장성

개발행위로 인한 건축물과 체육시설의 이용권을 수분양자
들에게 매도하고 사업을 종결하는 전통적인 부동산개발사
업의 확장이라는 관점에서 부동산개발사업에 의한 건축물
이나 체육시설을 매입하고 관리하거나 임대하는 업을 부동
산개발사업이라고 하는 경우가 있다. 그러나 부동산개발사
업으로 인하여 건축되거나 설치된 건축물이나 시설을 매입
하여 관리한 후 매도하는 부동산자산운용업이나 단순 부동
산임대업은 부동산개발사업자가 할 수 있는 관련된 사업일
수는 있으나, 토지를 취득한 후 개발행위허가를 받아 토지
를 개발하는 본서가 정의하는 부동산개발사업은 아니다.

4. 공공재개발사업 및 공공재건축사업

가. 정부와 공기관 주도의 부동산개발사업

공공재개발사업 및 공공재건축사업은 정부의 2.4 부동산
공급대책의 하나로 2021. 4. 13. 개정된 도시 및 주거환경
정비법에 의하여 특별자치시장, 특별자치도지사, 시장, 군
수, 자치구의 구청장, 한국토지주택공사[5] 등이 부동산개발
사업자가 되는 부동산개발사업을 말한다.

---

5) 한국토지주택공사법 제4조에 의하여 한국토지주택공사의 자본금 40조 원
전액을 정부가 출자한다.

나. 특례의 적용

공공재개발사업과 공공재건축사업은 민간이 사업자인 부동산개발사업과 달리 용적률의 상향과 개발행위허가(사업시행계획인가)를 위한 각종 절차를 통합하여 심의하는 특례가 적용된다.

다. 공공성과 효율성

부동산개발의 공공성만 강조하여 정부와 공기관만 부동산개발사업을 주도한다면 이와 같은 부동산개발사업은 영리를 목적으로 하는 시장 원리가 적용되지 않기 때문에 본서의 부동산개발사업이 될 수 없다. 그러나 이번의 공공재개발사업과 공공재건축사업은 정부와 한국토지주택공사의 주도로 진행하지만, 민간 주도의 부동산개발사업과 경쟁할 수도 있고, 최종적으로 선택은 주민이 결정하며, 공공성 외에도 영리를 목적으로 하기 때문에 본서의 부동산개발사업에 포함된다.

다만 부동산개발사업은 최소 5년에서 20년 이상의 기간이 소요되는 데 비하여 담당자가 비교적 단기간에 변경될 수 있는 공기관 주도의 부동산개발사업은 일관성과 집중력이 약화할 가능성이 있고, 투자금 손실의 위험을 부담하는 민간 주도의 부동산개발사업에 비하여 종국적으로 정부가 손실을 보전해 주는 공기관 주도의 부동산개발사업은 효율성 면에서 경쟁력이 떨어질 가능성이 있다.

5. 부동산개발업

부동산개발업의 관리 및 육성에 관한 법률은 건축허가 외에
다른 법의 개발행위허가를 받을 필요가 없는 소규모 부동산
개발사업을 할 수 있는 사업을 부동산개발업이라고 한다.
이 점에서 보면 부동산개발업은 소규모 부동산개발사업이라
고 할 수 있다. 그런데 위 법에는 건축물의 대수선, 리모델
링, 용도변경을 하는 경우도 부동산개발업이라고 하기 때문
에 부동산개발업 전체를 본서가 정의하는 부동산개발사업으
로 볼 수는 없다.

6. 리츠의 투자 대상인 부동산개발사업

부동산투자회사법은 부동산투자회사(리츠)의 투자 대상인 부
동산개발사업에 단순 건축업과 리모델링 사업 및 건축물이
나 인공 구조물을 이전하는 사업도 포함하고 있으나 이와
같은 사업은 본서가 정의하는 부동산개발사업이 아니다.

Ⅱ. 부동산개발사업의 일반적인 절차

1. 개요

부동산개발사업의 구체적인 절차는 사업의 종류에 따라 다
르다. 예를 들어 도시개발사업, 도시정비사업, 주택법에 따
른 공동주택건설사업의 인·허가 절차와 같은 구체적인 절

차는 다르다. 하지만 모든 부동산개발사업은 예외 없이 사업 부지인 토지의 취득과 관련한 절차와 개발행위허가 등 사업권과 관련한 절차 그리고 건축물의 건축[6]과 건축물의 분양 절차로 구분할 수 있다.

2. 토지의 취득과 관련한 절차

토지의 취득과 관련한 중요한 실무상 쟁점에 대하여는 본서 제2장에서 자세하게 설명하려고 한다. 토지의 취득과 관련한 일반적인 절차는 다음과 같다.

가. 사업 대상 지역과 토지의 결정

사업성이 있는 사업 부지를 찾는 절차다. 토지의 상권 등 입지, 용적률과 건폐율 등 권리제한 사항 및 토지의 가격 등 토지에 대한 정보를 얻는 절차다. 사업성을 판단하기 위해서는 일단 예상 평당공급가와 용적률, 건폐율에 의한 건축물의 종류와 규모를 산정한다. 평당공급가에 공급 평수를 곱한 공급가액의 합계가 총매출이 되고, 토지 취득비용과 공사비 기타 용역비 등 부대비용의 합계가 총비용이 된다. 이처럼 계산된 총매출에서 총비용을 공제한 금액이 세전 사업수익이 된다.

부동산개발사업자는 부동산중개업자와 예금보험공사, 자산

---

6) 건축물의 건축은 설계사무소와 건설회사의 전문적인 분야이므로 본서에서는 별도로 설명하지 않았다.

관리공사의 공매 공고를 통해서 토지에 관한 많은 정보를 얻을 수 있다.

나. 토지매매계약 체결

토지에 대한 검토 후 사업성이 있다고 판단이 되면 토지에 대한 매매계약을 체결한다.

다. 토지대금의 지급을 위한 대출(브릿지론; Bridge Loan[7]) 계약 체결

이 단계에서는 부동산개발사업자인 채무자가 개발행위허가를 받기 전이기 때문에 대출기관은 부동산개발사업자가 매수하거나 매수 예정인 토지만을 담보로 해서 상대적으로 높은 이자로 대출한다. 그러나 대출기관이 부동산개발사업자인 채무자가 개발행위허가를 받을 가능성이 크다고 판단을 하면, 개발행위허가를 받은 이후에 부동산개발사업의 사업과 미래의 현금흐름을 담보로 하는 대출(프로젝트 파이낸싱; Project Financing)계약을 체결하는 조건으로 부동산개발사업자인 채무자에게 유리한 대출조건을 제시하는 경우도 있다. 이 단계에서 주로 활용하는 신탁방법이 담보신탁이다. 담보신탁은 본서의 제2장 Ⅱ.에서 자세하게 설명한다.

---

7) 일반적으로 부동산개발사업에서 브릿지론(BL, Bridge Loan)은 토지대금을 위한 대출을 의미하고 프로젝트 파이낸싱(PF, Project Financing)은 브릿지론 상환, 공사비 등 사업비 전체의 대출을 의미한다.

3. 사업권과 관련한 절차

가. 사업 대상 토지에 대한 개발행위허가

개발행위허가의 정의는 본서의 제1장 Ⅲ. 3. 마.에서, 개발
행위의 법적 성질은 제3장 Ⅱ.에서 설명한다.

나. 사업비 조달을 위한 대출(PF)계약 및 각종 약정(신탁사와의 신탁계약 및 대리사무약정, 시공사와의 공사도급계약)의 체결

이 단계는 부동산개발사업의 사업 자체가 담보력이 있으므
로 미래의 가치(현금흐름)를 담보로 한 대출(PF)이 진행된
다. 대출 방법은 담보신탁과 대리사무약정을 통한 대출, 토
지신탁을 통한 대출 등 다양한 형태로 브릿지론 상환 및
공사비를 포함한 사업비 전체를 위한 큰 금액의 대출이 일
어난다. 토지신탁에 관하여는 본서의 제2장 Ⅱ.에서 설명
한다.

이 단계에서 법무법인이 개입하여 대출과 관련한 모든 계
약서를 검토하고, 부동산개발사업의 권리관계를 검토한다.
부동산개발사업자는 계약서 및 권리관계를 검토하는 법무
법인과 금융자문계약[8]을 체결하고 자문 비용을 부담한다.

---

8) 실제로 법무법인의 계약서 검토 및 권리관계의 분석은 주로 대출금융기관
을 위한 법률 서비스이므로 법무법인은 원칙적으로 대출금융기관과 법률자
문계약을 체결하여야 한다. 그러나 실무적으로 법률 서비스에 대한 대가를

4. 건축물의 공급과 관련한 절차

가. 주택공급에 관한 승인(분양승인)과 건축물의 분양신고

부동산개발사업자가 사업 부지 전체에 대한 소유권을 취득하는 것을 조건으로 행정관청으로부터 주택의 경우는 주택공급에 관한 규칙에 따른 주택공급에 관한 승인을 받고, 상가와 오피스텔의 경우는 건축물 분양에 관한 법률에 따라 분양신고를 하여야 한다.

나. 건축물 공급계약 체결

공급계약의 효력과 관련한 쟁점은 본서 제4장에서 설명한다.

5. 건축물의 준공

건축물이 실질적으로 완공되어 입주가 가능하게 되면 관할 관청은 확인 절차를 거쳐 사용승인을 한다. 사용승인을 일반적으로 준공이라 한다. 한편 건축물이 완공되지는 않았으나 사용이 가능한 경우 임시사용승인을 할 수도 있다.

6. 수분양자의 잔금지급 및 입주

부동산개발사업자가 부담하기 때문에 법무법인과 부동산개발사업자 간에 금융자문계약이라는 이름으로 계약을 체결한다.

Ⅲ. 부동산개발사업의 이해를 위하여 알아야 할 사항

1. 개요

부동산개발사업자는 개발사업의 초기에 일단 어떤 토지에 어떤 규모로 몇 층의 주택이나 공장 등 건축물을 건축할 수 있는지 확인해야 한다. 이를 위해서는 관련 법규의 규율 대상과 중요 용어는 반드시 이해해야 한다.

2. 관련 법규의 이해

가. 관련 법규

(1) 부동산개발과 관련한 법규는 대략 국토의 계획 및 이용에 관한 법률(이하 국토계획법이라 한다), 주택법, 주택공급에 관한 규칙, 건축법, 건축물 분양에 관한 법률, 도시개발법, 도시 및 주거환경 정비법(이하 도시정비법이라 한다), 산업입지 및 개발에 관한 법률(산업입지법), 도시공원 및 녹지 등에 관한 법률(공원녹지법), 체육시설의 설치·이용에 관한 법률(체육시설법), 도시공원 부지에서 개발행위 특례에 관한 지침, 부동산개발업의 관리 및 육성에 관한 법률(부동산개발업법), 농지법, 산림자원법, 자본시장법, 국토기본법, 토지이용규제 기본법 외에도 최근 주택공급을 위하여 개정이 논의되고 있는 공공주택 특별법, 도시재생 활성화 및 지원에 관한 법률(도시재생법), 빈집 및 소규모주택 정비에 관한 특례법(소규모

정비법), 주택도시기금법, 공익사업을 위한 토지 등의 취득 및 보상에 관한 법률(토지보상법), 재건축 초과이익 환수에 관한 법률(재건축이익환수법) 등 수많은 법규가 있다.

(2) 변호사로서 30년 이상 법률 사무에 종사한 저자도 이 많은 법의 구체적 내용을 다 알지는 못한다. 법규가 계속 변경되고 있으므로 이 모든 법을 지면에 옮기는 것은 불필요한 일이다. 그러나 부동산개발사업과 관련한 업무를 하는 사람이라면 자신이 검토하고 있는 부동산개발사업을 규율하는 법이 어느 법인지는 반드시 알아야 한다.

나. 법규의 목적

요즘은 인터넷으로 법제처 국가법령정보센터, 대법원 종합법률정보를 검색하면 모든 법규의 내용은 물론 연혁 법규와 입안 예정인 법규도 찾아볼 수 있다. 대부분 법규의 제1조는 목적, 제2조는 용어의 정의가 규정되어 있다. 따라서 법규의 목적만 정확하게 이해해도 해당 법이 무엇을 규율하는지 알 수 있다. 우선 부동산개발사업 관련 법률 중가장 중요한 국토계획법, 도시개발법, 도시정비법, 주택법, 건축법의 목적을 법전에 있는 그대로 옮겨 보겠다.

(1) 국토계획법

이 법은 국토의 이용·개발과 보전을 위한 계획의 수립 및 집행 등에 필요한 사항을 정하여 공공복리를 증진시키고 국민의 삶의 질을 향상시키는 것을 목적으로 한다.

(2) 도시개발법

이 법은 도시개발에 필요한 사항을 규정하여 계획적이고 체계적인 도시개발을 도모하고 쾌적한 도시환경의 조성과 공공복리의 증진에 이바지함을 목적으로 한다.

(3) 도시정비법

이 법은 도시기능의 회복이 필요하거나 주거환경이 불량한 지역을 계획적으로 정비하고 노후·불량건축물을 효율적으로 개량하기 위하여 필요한 사항을 규정함으로써 도시환경을 개선하고 주거 생활의 질을 높이는 데 이바지함을 목적으로 한다.

(4) 주택법

이 법은 쾌적하고 살기 좋은 주거환경 조성에 필요한 주택의 건설·공급 및 주택시장의 관리 등에 관한 사항을 정함으로써 국민의 주거안정과 주거수준의 향상에 이바지함을 목적으로 한다.

(5) 건축법

이 법은 건축물의 대지·구조·설비 기준 및 용도 등을 정하여 건축물의 안전·기능·환경 및 미관을 향상시킴으로써 공공복리의 증진에 이바지하는 것을 목적으로 한다.

다. 법규의 규율 대상

이와 같은 법의 목적에 기초하여 약간의 해석을 덧붙이면
법률의 규율 대상이 무엇인지를 알 수 있다.

(1) 국토계획법은 토지의 지목과 관계없이 우리나라 국토
    전체의 이용과 개발 및 보전을 규율하는 법이라는 것
    을 알 수 있다. 이를 위해 국토계획법 제56조는 토지를
    개발하기 위하여는 개발행위허가를 받아야 한다고 규
    정한다.

(2) 도시개발법은 도시의 개발을 규율하는 법이고, 이 법의
    도시는 지방자치법 제7조의 행정자치기구인 시 중 지방
    자치법 제175조의 인구 50만 이상의 대도시를 말한다.
    도시개발사업구역의 지정요건은 주거, 상업, 자연녹지지
    역의 경우 1만 제곱미터 이상, 관리계획지역이면 원칙은
    30만 제곱미터 이상이어야 한다. 도시개발계획에 아파트
    또는 연립주택의 건설계획이 포함되고, 도시개발구역으
    로부터 통학이 가능한 거리에 학생을 수용할 수 있는 초
    등학교가 있거나 도시개발구역에 초등학교용지를 확보하
    여 관할교육청과 협의하고, 도시개발구역에 4차로 이상
    의 도로를 설치하는 경우에는 10만 제곱미터 이상인 관
    리계획지역도 도시개발사업구역 지정이 가능하다.[9]

---

9) 도시개발법 시행령 제2조에 도시개발구역 지정요건을 규정하고 있다.

(3) 도시정비법은 이른바 재개발사업, 재건축사업, 주거환경개선사업을 규율하는 법이다.[10]

(4) 주택법은 30세대 이상의 주택 건설과 공급을 규율하는 법이다. 30세대 이상의 주택을 건설하기 위하여는 주택법 제16조의 주택건설사업계획승인을 받아야 한다.

(5) 건축법은 건축설계와 시공 그리고 30세대 미만의 주택과 사무실, 공장 등 건축물의 건축과 공급을 규율하는 법이다.

라. 법규의 상호 관계

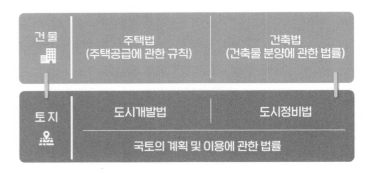

위 표는 부동산 관련법의 상호 관계를 상징적으로 보여주기 위해 만든 것이다. 표의 제일 아래에 있는 국토계획법은 토지에 관한 모든 개발행위를 규율하고, 도시개발법이나 도시정비법은 도시의 특정 조건을 충족하는 토지를 규

---

10) 도시 및 주거환경 정비법 시행령 제7조와 별표 1에 정비계획의 입안대상 지역의 요건에 대하여 자세히 규정하고 있다.

율하며, 주택법과 건축법은 토지 위의 건축물 건축과 공급
을 규율한다. 그리고 위 법규들은 필요한 경우 상호 관련
규정을 의제 또는 준용한다.

3. 중요 용어의 이해

가. 중요 용어

관련 법규의 이해에 선행되어야 하는 것이 부동산개발사업
과 관련한 용어를 이해하는 것이다. 용어의 이해는 관련
법규의 이해는 물론 부동산개발사업의 본질을 이해하는 데
도움이 될 것이다. 실무적으로 많이 사용되는 용어 중 본
서의 이해를 위해 필요한 국토계획법의 각종 계획, 용도지
역, 개발행위허가를 설명하겠다.

나. 국토계획법의 각종 계획

(1) 국토계획법은 두 개 이상의 특별시, 광역시, 특별자치시,
특별자치도, 특례시 등이 연결된 광역계획권의 장기발전
방향을 제시하는 광역도시계획과 시, 군의 관할구역에
대하여 장기발전 방향을 제시하는 도시·군 기본계획과
시, 군의 개발·정비·보전을 위하여 수립하는 도시·군
관리계획이 있다.

(2) 부동산개발사업의 실무에서 가장 많이 접하게 되는 것
은 개발행위허가와 직접 관련이 있는 도시·군 관리계
획이다. 광역도시계획이나 도시·군 기본계획[11]은 개발

행위허가의 가능성을 판단하는 데 반드시 검토해야 하지만 실제로 부동산개발사업의 개발행위허가와 직접 관련이 있는 것은 아니다. 도시·군 관리계획은 실무상 중요하기 때문에 항을 바꾸어 설명한다.

다. 도시·군 관리계획[12]

(1) 국토계획법이 정의하는 도시·군 관리계획이란 특별시, 광역시, 특별자치시, 특별자치도, 시 또는 군의 개발, 정비 및 보전을 위하여 수립하는 토지 이용, 교통, 환경, 경관, 안전, 산업, 정보통신, 보건, 복지, 안보, 문화 등에 관한 계획을 말한다.

(2) 부동산개발사업의 실무상 도시·군 관리계획 중 가장 중요한 것은 지구단위계획[13], 도시개발사업계획, 정비사업계획이다. 국토계획법이 규율하는 유통업무설비(시장), 공원이나 대중제 골프장 등 공공필요성이 있는 체육시설과 같은 도시·군 계획시설의 개발사업을 위한

---

11) 서울시의 도시재개발사업과 관련한 공공기획, 주거정비지수제 폐지는 서울시 기본계획의 변경으로 시행할 수 있다.

12) 여기서 도시·군은 지방자치법 제7조의 자치단체를 의미한다. 따라서 시의 경우는 도시관리계획이라고 하고 군의 경우는 군관리계획이라고 한다. 도시·군 관리계획의 자세한 내용은 도시·군관리계획수립지침에 규정되어 있다.

13) 2012년 4월 15일 이전에는 계획관리지역이나 개발진흥지구에 관한 지구단위계획을 2종 지구단위계획, 그 외 지역에 관한 지구단위계획을 1종 지구단위계획으로 구분하였으나 지금은 구분하지 않는다. 지구단위계획의 자세한 내용은 지구단위계획수립지침에 규정되어 있다.

계획이 지구단위계획이고, 도시개발법이 규율하는 도
시개발사업을 위한 계획이 도시개발사업계획이며, 도
시정비법이 규율하는 재개발 · 재건축사업을 위한 계획
이 정비사업계획이다.

(3) 뒤에서 설명하는 부동산개발허가는 시, 군으로부터 이
와 같은 도시 · 군 관리계획을 실행(실시)할 수 있는 권
한을 (인가)받는 것이다.

라. 용도지역

(1) 국토계획법이 정의하는 용도지역이란 토지의 이용 및
건축물의 용도, 건폐율, 용적률, 높이 등을 제한함으로
써 토지를 경제적, 효율적으로 이용하고 공공복리의 증
진을 도모하기 위하여 도시 · 군 관리계획으로 결정하는
지역을 말한다.

(2) 건폐율은 대지면적에 대한 건축면적의 비율(건축법 제55
조)을 말하고, 용적률은 대지면적에 대한 연면적[14]의 비
율(건축법 제56조)을 말한다. 토지의 건폐율과 용적률을
알면 토지에 건축될 건축물의 층수와 전체면적 등 규모
를 알 수 있다. 따라서 부동산개발사업의 사업성을 판단
하기 위해서는 반드시 건폐율과 용적률을 알아야 한다.

---

14) 연면적은 건축물의 각 층 바닥면적의 합계이고, 지하층의 면적은 제외한다
(건축법 시행령 제119조 제1항).

(3) 국토계획법 및 동 법 시행령은 토지의 특수성에 따라서 21개 용도지역으로 구분하여 아래 표와 같이 건폐율과 용적률을 정하고 있다.

▶ 용도지역[15]별 건폐율과 용적률(국토계획법 시행령 제84조 및 제85조)

용도지역	건폐율	용적률
제1종전용주거지역	50% 이하	50% 이상 100% 이하
제2종전용주거지역	50% 이하	50% 이상 150% 이하
제1종일반주거지역	60% 이하	100% 이상 200% 이하
제2종일반주거지역	60% 이하	100% 이상 250% 이하
제3종일반주거지역	50% 이하	100% 이상 300% 이하
준주거지역	70% 이하	200% 이상 500% 이하
중심상업지역	90% 이하	200% 이상 1,500% 이하
일반상업지역	80% 이하	200% 이상 1,300% 이하

---

15) 용도지역은 대분류로 도시지역, 관리지역, 농림지역, 자연환경보전지역으로 분류하고, 중분류로 도시지역은 주거지역, 상업지역, 공업지역, 녹지지역으로 분류한다. 일반적으로 개발행위 대상이 되는 지역은 보전녹지 생산녹지를 제외한 도시지역 전체와 관리지역 중 계획관리지역이다.

용도지역	건폐율	용적률
근린상업지역	70% 이하	200% 이상 900% 이하
유통상업지역	80% 이하	200% 이상 1,100% 이하
전용공업지역	70% 이하	150% 이상 300% 이하
일반공업지역	70%이하	150% 이상 350% 이하
준공업지역	70% 이하	150% 이상 400% 이하
보전녹지지역	20% 이하	50% 이상 80% 이하
생산녹지지역	20% 이하	50% 이상 100% 이하
자연녹지지역	20% 이하	50% 이상 100% 이하
보전관리지역	20% 이하	50% 이상 80% 이하
생산관리지역	20% 이하	50% 이상 80% 이하
계획관리지역	40% 이하	50% 이상 100% 이하
농림지역	20% 이하	50% 이상 80% 이하
자연환경보전지역	20% 이하	50% 이상 80% 이하

마. 개발행위의 허가

 (1) 부동산개발행위의 허가는 부동산개발사업을 위한 토지
  를 관할하는 기관의 장(특별시장, 광역시장, 특별자치시장,
  특별자치도지사, 시장 또는 군수)이 부동산개발사업자에게
  그 토지 위에 건축물을 건축하거나 체육시설을 설치할
  수 있는 권한을 부여하는 것[16]을 말한다.

 (2) 건축법의 건축허가[17], 도시정비법의 사업시행계획인가[18],
  도시개발법의 실시계획인가[19], 산업입지법의 농공단지
  개발실시계획승인[20], 주택법의 주택건설사업계획승인[21]
  등도 부동산개발행위의 허가다.

---

16) 국토계획법 제56조 제1항

17) 건축법 제11조 제1항

18) 도시정비법 제50조 제1항

19) 도시개발법 제17조 제2항

20) 산업입지법 제19조 제1항

21) 주택법 제15조 제1항

제2장

토지 취득과 관련한 쟁점

제 2 장

토지 취득과 관련한 쟁점

Ⅰ. 명의신탁

1. 명의신탁 및 명의신탁약정의 정의

명의신탁은 부동산에 관한 물권의 실권리자(명의신탁자)가 타인(명의수탁자)과 사이에서 대내적으로는 실권리자가 부동산에 관한 물권을 보유하거나 보유하기로 하고 그에 관한 등기는 그 타인의 명의로 하기로 하는 것을 말한다. 명의신탁약정은 명의신탁자와 명의수탁자 간에 명의신탁하기로 하는 약정을 말한다.

2. 실무상 쟁점

가. 부동산개발사업의 많은 경우 사업 대상 토지의 지목이 토지 취득 당시는 농지인 경우가 많다. 부동산개발사업자가 농업법인이 아니라면 농지를 취득할 수 없다.[22] 향후

---

22) 개인과 달리 법인의 경우는 농업법인이 아니면 원칙적으로 농지를 취득할

개발행위허가를 받게 되면 매도인이 농지전용허가를 받아 매수인이 농지를 취득할 수 있으나, 개발행위허가를 받기 전까지는 지인이나 직원 명의로 소유권을 이전하고 근저당권을 설정하거나 가등기를 하기도 한다.

나. 도시개발사업에서 우호적인 조합원 수를 늘리기 위해서 실권리자인 부동산개발사업자가 사업 부지 부동산의 소유권을 지인이나 직원 명의로 이전하기도 한다.

다. 부동산 실권리자명의 등기에 관한 법률(부동산실명법)에 의하여 명의신탁자와 명의수탁자 사이의 명의신탁약정은 무효[23]이고 명의신탁약정을 한 양 당사자는 처벌받을 수 있다.

그런데 명의신탁약정은 당사자가 밝히지 않으면 제3자가 알 수가 없고, 부동산개발사업을 위해 농지 취득이 필요한 경우가 많으므로 위법임에도 여전히 많이 이용한다.

라. 부동산개발사업에 있어서 명의신탁이 주로 쟁점이 되

수 없다.

23) 부동산실명법 제4조 ① 명의신탁약정은 무효로 한다. ② 명의신탁약정에 따른 등기로 이루어진 부동산에 관한 물권변동은 무효로 한다. 다만, 부동산에 관한 물권을 취득하기 위한 계약에서 명의수탁자가 어느 한쪽 당사자가 되고 상대방 당사자는 명의신탁약정이 있다는 사실을 알지 못한 경우에는 그러하지 아니하다. ③ 제1항 및 제2항의 무효는 제3자에게 대항하지 못한다.

는 것은 명의수탁자가 개발행위허가 후에 명의신탁자에게 명의신탁 부동산의 소유권을 이전해주지 않을 경우에 명의신탁자는 명의수탁자로부터 소유권을 이전받을 수 있는지, 제3자에게 명의신탁 부동산을 처분한 명의수탁자는 횡령죄로 처벌되는지, 명의수탁자가 제3자에게 명의신탁 부동산을 처분했을 때 명의신탁자가 명의수탁자에게 청구할 수 있는 부당이득의 범위는 어떻게 되는지 등이다.

3. 명의신탁약정의 유형

가. 3자 간 계약 명의신탁

부동산 매도인과 명의수탁자 간에 부동산매매계약을 체결하고 부동산 매도인과 명의신탁자 간에는 매매계약을 체결하지 않는다. 일반적으로 명의신탁자는 명의수탁자를 통해 매도인에게 부동산매매대금을 전달한다.

나. 3자 간 등기 명의신탁

부동산 매도인과 명의신탁자 간에 실질적인 부동산매매계약을 체결한다. 부동산 등기 시 부동산 매도인의 협조를 받아 부동산 매도인과 명의수탁자 간의 형식적인 부동산매매계약서를 등기소에 제출한다.

다. 2자 간 등기 명의신탁

부동산의 실제 소유자인 명의신탁자가 명의수탁자 명의로 소유권을 이전하거나, 명의신탁자가 명의수탁자로부터 부동산을 매입하고 명의수탁자 명의로 등기를 유지하는 경우다.

4. 명의수탁자가 명의신탁자에게 소유권 이전을 거부하는 경우

가. 3자 간 계약 명의신탁

(1) 부동산 매도인이 명의신탁 사실을 알고 있었을 경우 명의신탁약정은 무효이고, 명의신탁약정에 따른 등기 이전도 무효가 되며, 부동산의 소유권은 부동산 매도인 소유가 된다. 부동산 매도인이 명의신탁 사실을 알지 못했을 경우는 명의수탁자에 대한 등기이전은 효력이 있다.

(2) 등기 이전이 무효라 하더라도 부동산 매도인은 명의수탁자가 명의신탁 부동산의 소유권을 부동산 매도인에게 다시 이전하기 전에는 매매대금을 반환할 의무가 없다 (대법원 2013. 9. 12. 선고 2010다95185 판결).

(3) 명의수탁자가 부동산 매도인에게 명의신탁 부동산의 소유권을 이전하더라도 명의신탁자와 부동산 매도인 간

에 부동산매매계약을 체결하지 않았기 때문에 명의신탁자는 부동산 매도인에게 소유권이전등기청구를 할 수 없다.

(4) 결과적으로 명의신탁자가 명의수탁자로부터 명의신탁 부동산의 소유권을 이전받을 방법은 없다.

나. 3자 간 등기 명의신탁[24]

(1) 명의신탁자가 부동산 매도인과 실질적인 부동산매매계약을 체결하였으므로 명의신탁자가 부동산 매도인을 대위하여 명의수탁자를 상대로 부동산 매도인에게 명의신탁 부동산의 소유권을 이전하라는 소유권이전등기청구 소송을 할 수 있다.

(2) 부동산 매도인 앞으로 명의신탁 부동산의 소유권이 이전되면, 명의신탁자는 부동산 매도인과의 부동산매매계약을 원인으로, 부동산 매도인으로부터 직접 명의신탁 부동산의 소유권을 이전받거나 소유권이전등기청구 소송을 통해 소유권을 이전받을 수 있다.

(3) 결과적으로 명의신탁자는 명의수탁자로부터 명의신탁 부동산의 소유권을 이전받을 수 있다.

---

24) 거래의 외형이 중간생략등기와 같아서 '중간생략등기형 3자간 등기 명의신탁'이라고도 한다.

다. 2자 간 등기 명의신탁

    (1) 명의신탁자와 명의수탁자 간의 명의신탁약정은 무효이므로 명의신탁 부동산의 소유권은 명의신탁자 소유가 된다.

    (2) 명의신탁자는 명의수탁자를 상대로 명의신탁 부동산에 대한 소유권이전등기청구 소송을 통해 소유권을 이전받을 수 있다.

5. 명의수탁자가 제3자에게 명의신탁 부동산을 처분한 경우

가. 소유권 회복 가능성

    (1) 명의신탁 부동산의 소유권은 대내외적으로 명의수탁자의 소유이기 때문에 명의수탁자가 제3자에게 부동산을 처분한 경우는 제3자가 명의신탁 사실을 알고 있었다 하더라도 명의신탁자는 명의신탁약정의 무효를 원인으로 명의신탁 사실을 알고 있는 제3자에게 소유권이전등기청구를 할 수 없다.

    (2) 부동산실명법 제4조 제3항은 명의신탁약정의 무효를 명의신탁 사실을 아는 제3자(악의의 제3자)와 명의신탁 사실을 모르는 제3자(선의의 제3자)를 구분하지 않고 제3자에게 대항하지 못한다고 규정하고 있기 때문이다.

나. 명의수탁자의 횡령죄[25] 처벌 여부

(1) 종전의 대법원의 입장은 3자 간 계약 명의신탁의 경우는 명의신탁 재산이 대내외적으로 명의수탁자의 소유라는 전제하에 명의수탁자의 명의신탁 부동산 처분행위는 타인의 재물이 아니라 자기의 재물을 처분한 것이기 때문에 횡령죄가 성립되지 않는다고 하였다.

(2) 그러나 3자 간 등기 명의신탁과 2자 간 등기 명의신탁의 경우는 명의신탁자가 명의신탁 부동산의 등기명의를 회복할 수 있다는 전제하에 명의수탁자의 명의신탁 부동산 처분행위는 타인의 재물을 보관하는 자의 처분행위로 보고 횡령죄가 성립된다고 하였다.

(3) 최근 대법원은 전원합의체 판결로 명의신탁약정이 반사회질서인 행위이고, 명의수탁자를 횡령죄로 처벌하는 것은 한편으로는 반사회질서 행위를 한 명의신탁자를 보호하는 면이 있으며, 이는 부동산실명제를 실효성 있게 운영하는 데 방해가 되기 때문에 명의수탁자가 제3자에게 명의신탁 부동산을 처분하였을 경우는 명의신탁의 종류와 관계없이 횡령죄가 성립되지 않는다고 종전의 견해를 변경하였다(대법원 2016. 5. 19. 선고 2014도

---

25) 형법 제355조 제1항 타인의 재물을 보관하는 자가 그 재물을 횡령하거나 그 반환을 거부한 때에는 5년 이하의 징역 또는 1천 500만원 이하의 벌금에 처한다.

6992 전원합의체 판결, 대법원 2021. 2. 18. 선고 2016도
18761 전원합의체 판결).

다. 명의수탁자에 대한 부당이득청구 범위

(1) 명의신탁 부동산을 제3자에게 처분하고 이익을 얻은 명
의수탁자에 대한 명의신탁자의 부당이득청구[26]는 가능
하다. 이러한 부당이득청구와 관련해서는 명의수탁자가
얻은 이익과 명의신탁자의 손해를 어떤 기준으로 산정
할 것인가가 쟁점이 된다.

(2) 3자 간 계약 명의신탁은 명의수탁자가 명의신탁 부동산
을 제3자에게 처분하지 않더라도 명의신탁자는 명의수
탁자로부터 명의신탁 부동산의 소유권을 이전받을 수
없다. 따라서 소유권을 반환받을 수 있다는 사실을 전
제로 하는 부동산 시가 상당액은 부당이득청구의 기준
이 될 수가 없다. 부당이득청구액은 부동산 시가 상당
액이 아니라 명의신탁자가 지불한 매매대금과 취·등록
세가 기준이 된다(대법원 2010. 10. 14. 선고 2007다90432
판결).

(3) 3자 간 등기 명의신탁과 2자 간 등기 명의신탁은 명의
신탁자가 명의수탁자로부터 소유권의 회복이 가능했던

---

26) 민법 제741조 법률상 원인 없이 타인의 재산 또는 노무로 인하여 이익을 얻
고 이로 인하여 타인에게 손해를 가한 자는 그 이익을 반환하여야 한다.

경우이므로 처분 당시의 부동산 시가 상당액이 부당이
득청구액의 기준이 된다.

6. 명의신탁의 이해를 위한 표

구분	명의신탁자의 소유권회복가능 여부	부동산 처분시 명의수탁자에 대한 부당이득 청구 범위	부동산 처분시 명의수탁자 횡령죄 성립여부
3자간 계약명의신탁	불가능	매매대금 + 취등록세	불성립 (2010도10515 판결)
3자간 등기명의신탁	가능	부동산 시가상당액	불성립 (2014도6992 판결 전원합의체)
2자간 등기명의신탁	가능	부동산 시가상당액	불성립 (2016도18761 판결 전원합의체)

II. 신탁

1. 신탁의 정의

(1) 신탁법 제2조는 신탁이란 위탁자(신탁을 설정하는 자)와
수탁자(신탁을 인수하는 자) 간의 신임관계에 기하여 위탁
자가 수탁자에게 특정의 재산을 이전하거나 담보권의 설
정 또는 그 밖의 처분을 하고 수탁자로 하여금 수익자의

이익 또는 특정의 목적을 위하여 그 재산의 관리, 처분, 운용, 개발, 그 밖에 신탁 목적의 달성을 위하여 필요한 행위를 하게 하는 법률관계라고 규정한다.

(2) 이와 같은 신탁법의 정의는 부동산 외에도 금전을 포함한 모든 재산의 신탁에 대한 원론적 정의다. 그러나 실제 부동산개발사업에서의 신탁은 아래 그림과 같이 다양한 형태27)가 있어서 모든 신탁을 하나로 정의하기는 어렵다.

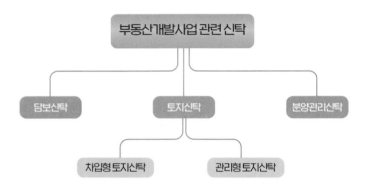

---

27) 처분신탁은 부동산 소유자가 권리관계가 복잡하거나 고가이기 때문에 직접 처분이 어려운 부동산의 처분을 위해 부동산 소유권을 신탁회사에 이전한 후 신탁회사가 부동산을 대신 팔아주는 내용의 신탁을 의미하고, 관리신탁은 부동산 소유자가 전문 지식과 경험이 부족해 직접 관리하기 어려운 부동산을 관리하기 위해 부동산 소유권을 신탁회사에 이전한 후 신탁회사가 소유권 및 신탁재산의 유지, 보수, 임대차 관리, 세무 관리를 하는 내용의 신탁을 의미한다. 처분신탁이나 관리신탁은 부동산이 신탁재산인 신탁이지만 부동산개발사업과 직접 관련이 있는 신탁은 아니다.

가. 담보신탁

담보신탁은 위탁자[28]가 위탁자 소유 부동산의 소유권을 수탁자[29]에게 이전하고 채권자(일반적으로 금융기관)의 채무자(일반적으로 위탁자)에 대한 채권을 담보하기 위하여 부동산의 처분권과 처분대금에 대하여 우선변제권이 있는 우선수익권[30]을 채권자에게 주기로 하는 위탁자와 수탁자 간의 약정이다.

---

28) 신탁계약에 있어서 위탁자 겸 수익자는 대부분 채무자인 부동산개발사업자인 경우이지만, 채무자인 부동산개발사업자가 토지에 대한 잔금을 지급하지 않은 상태에서는 부동산의 소유인 매도인이 위탁자가 되고, 채권자가 우선수익자, 채무자인 부동산개발사업자는 수익자와 매수예정자가 되는 경우도 있다.

29) 부동산개발사업의 수탁자는 2009년 폐지된 신탁업법에 따라 인가를 받았거나 자본시장과 금융투자업에 관한 법률(자본시장법)에 따라 인가를 받은 신탁업자(신탁회사)가 있다. 신탁회사 중 전업 신탁회사는 부동산만을 수탁받아 담보, 개발 목적으로 하는 신탁을 영업으로 하는 신탁회사를 말하며, 겸업 신탁회사는 은행업, 보험업을 주업으로 하고 신탁업을 겸업으로 하는 신탁회사를 말한다. 수탁자는 신탁계약의 당사자로서의 명칭이고, 일반적인 명칭은 신탁회사 또는 신탁사, 자본시장법의 업종으로는 신탁업자이다.

30) 우선수익권은 신탁법이나 자본시장법에 규정된 권리는 아니지만, 실무상 인정되는 특별한 효력이 있는 수익권의 일종이다. 대법원 2017. 6. 22. 선고 2014다225809 전원합의체 판결은 우선수익권은 경제적으로 금전채권에 대한 담보로 기능할 뿐 금전채권과는 독립한 신탁 계약상의 별개의 권리라고 한다. 우선수익권에 대하여는 아래에서 자세하게 설명할 것이다.

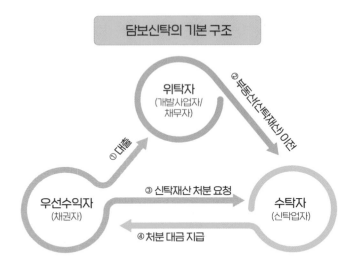

담보신탁의 기본 구조

위탁자
(개발사업자/
채무자)

② 부동산(신탁재산) 이전

① 대출

우선수익자
(채권자)

③ 신탁재산 처분 요청

④ 처분 대금 지급

수탁자
(신탁업자)

나. 토지신탁

수탁자가 부동산의 소유권과 개발행위허가를 받은 자의 지
위와 분양자의 지위를 가진 형태의 부동산신탁을 토지신탁
이라 한다. 토지신탁 중 수탁자가 토지 취득 비용을 제외
한 사업 자금의 차입 의무를 부담하는 신탁을 차입형 토지
신탁이라고 하고, 그 외 토지신탁을 관리형 토지신탁이라
고 한다. 차입형 토지신탁을 개발신탁 또는 분양형 토지신
탁이라고도 한다.

다. 책임준공 확약 조건 관리형 토지신탁

책임준공 확약 조건 관리형 토지신탁은 최근에 많이 활용
되는 관리형 토지신탁으로서 수탁자가 신용등급이 상대적

으로 낮은 건설사의 책임준공 확약 의무를 보강[31]하는 것을 조건으로 하는 신탁이다.

라. 분양관리신탁

분양관리신탁은 위탁자가 부동산의 소유권을 수탁자에게 이전하지만 수분양자와 건축물이나 체육시설의 분양계약은 부동산개발사업자인 위탁자가 체결하고, 분양계약서 및 분양대금의 관리는 수탁자가 하는 신탁이다.

마. 담보신탁과 대리사무약정의 결합

부동산개발사업에서 가장 많이 이용된 신탁 형태가 위탁자와 수탁자 사이에 담보신탁계약과 대리사무약정을 체결하는 방법이다. 대리사무약정은 위탁자가 수분양자와 분양계약을 체결하고, 수탁자가 위탁자를 대리하여 분양계약서 및 분양대금을 관리하고, 사업 자금의 지출 관리 및 부동산의 처분 등에 관한 업무를 수행하는 내용의 계약이다.

바. 유의할 사항

신탁의 종류는 신탁계약서의 제목에 의하여 정해지는 것이 아니라 신탁계약의 내용에 의하여 결정이 되는 것이므로 신탁계약 체결 시 내용을 신중하게 검토하여야 한다.

---

31) 건설사의 책임준공 의무를 보증하거나 건설사가 책임준공 의무를 위반할 경우 손해배상책임을 지는 것을 말한다.

2. 실무상 쟁점

신탁이 쟁점이 되는 것은 우선수익권을 채권과 별도로 처분할 수 있는지, 분양계약 해약 시 수분양자로부터 분양대금을 수령한 신탁사는 수분양자에게 분양대금을 반환할 의무가 있는지, 신탁사의 법적 의무는 무엇인지, 부동산개발사업의 각종 관련 법상의 권리자인 소유자는 위탁자인지 수탁자인지 등이다.

3. 우선수익권과 담보물권의 부종성[32]

가. 사례

(1) 우선수익자가 채권자 갑으로부터 사업 자금을 차용하면서 채권자 갑에게 우선수익권에 질권을 설정해 준 상황에서, 우선수익자의 다른 채권자 을이 우선수익자의 채무자(위탁자)에 대한 채권을 전부(轉付)[33]받았을 때 우선수익자의 다른 채권자 을이 채권자 갑을 위하여 질권이 설정된 우선수익권을 행사할 수 있는가가 문제가 되었다.

---

[32] 피담보채권이 이전되거나 소멸하면 근저당권과 같은 담보물권도 같이 이전되고 소멸하는 것을 담보물권의 부종성이라고 한다.

[33] 전부(轉付)는 법원의 전부명령에 의하여 채권자가 채무자의 제3채무자에 대한 채권 자체를 이전받는 것을 말한다. 채권 자체를 이전받지 않고 법원이 채권자에게 제3채무자에 대한 채권을 추심할 권한을 주는 것을 추심명령이라 한다.

(2) 이른바 담보물권의 부종성과 관련한 문제다. 우선수익권을 저당권과 같은 담보물권으로 보면 피담보채권에 대해 질권설정을 하지 않고 우선수익권에만 설정한 채권자 갑의 질권은 효력이 없다. 이와 같은 입장에서는 우선수익자의 채권을 전부받은 우선수익자의 채권자 을은 우선수익권도 이전받은 것이 된다. 그러나 우선수익권을 통상적인 담보물권과는 다른 특별한 담보권이어서 부종성이 없다는 견해에서는 피담보채권과 별도로 우선수익권에만 질권설정이 가능하다. 이 경우 우선수익권의 질권자인 채권자 갑은 질권의 실행 방법으로 우선수익권을 행사할 수 있고, 우선수익자의 채권을 전부 받은 우선수익자의 채권자 을은 우선수익권을 이전받지 못한다.

(3) 이 점에 대하여 대법원 2017. 6. 22. 선고 2014다225809 전원합의체 판결은 아래와 같이 판결하였다.

  1) 우선수익자가 우선수익권에 제3자를 1순위 질권자로 하는 질권을 설정한 후 우선수익자의 채권자가 우선수익자에 대한 채권을 청구채권으로 하여 우선수익자의 부동산개발사업자에 대한 대여금 채권을 압류 및 전부하는 전부명령을 받아 그 전부명령이 확정이 되었다 하더라도, 우선수익권이 대여금 채권의 전부에 수반하여 전부 채권자에게 이전되지 않는다.

2) 우선수익권은 경제적으로 금전채권에 대한 담보로 기능할 뿐 금전채권과는 독립한 신탁계약 상의 별개의 권리이다. 대여금 채권과 우선수익권의 귀속 주체가 달라졌어도 우선수익권이나 이를 목적으로 한 권리질권은 소멸하지 않는다.

(4) 결론적으로 우선수익권은 피담보채권과 별도로 처분할 수 있다.

(5) 이와 같은 대법원 전원합의체 판결로 인하여 제5장 Ⅳ. 8. 가.에서 보는 바와 같이 부동산개발사업의 사업권을 양도할 때 채권 전액이 아닌 채권 일부와 우선수익권을 양도할 수 있게 되었다.

나. 파산으로 인한 면책과 우선수익권

(1) 위 대법원판결의 취지에 따르면 부동산개발사업자인 채무자에 대한 대여금 채권과 우선수익권은 별도로 존재할 수 있어서 비록 채무자가 파산 후 면책을 받더라도 우선수익권은 소멸하지 않는다.

(2) 서울중앙지방법원 2017. 8. 17. 선고 2016가합570737 판결은 채무자들에 대한 회생절차에서 채무자들의 채무가 면책되는 내용의 회생계획이 인가되었다고 하더라도, 그 회생계획은 채권자들이 이 사건 담보신탁계약에 기하여 가지는 우선수익권에는 영향을 미치지 않으

며, 우선수익권은 채권자가 채무자들에 대하여 가지는 원래의 금전채권 전액을 담보하는 것이라고 하였다.

(3) 따라서 파산으로 인한 채무자의 면책은 우선수익권에는 영향을 미치지 않는다. 면책받은 채무자가 우선수익권을 소멸시키기 위해서는 우선수익자에게 채권 전액을 변제하여야 한다.

4. 신탁사의 분양대금반환의무

가. 실무상 쟁점

(1) 일반적으로 토지신탁이 아닌 담보신탁은 부동산개발사업자와 수분양자가 건축물 공급계약(분양계약)을 체결하지만, 분양대금은 신탁사의 계좌로 입금하는 구조를 갖는다.

(2) 그런데 어떤 이유로든 건축물 공급계약이 해제되면 수분양자는 분양대금을 수령한 신탁사에 분양대금의 반환을 요구하는 경우가 있다. 이와 같은 상황에서 신탁사가 분양대금을 반환할 의무가 있다고 판단하면 신탁사는 부동산개발사업자에게 수분양자의 분양대금반환청구 문제를 해결하라고 요구한다. 부동산개발업자가 수분양자에게 분양대금을 반환하지 않으면 신탁사가 수분양자에게 분양대금을 반환하는 경우가 있다.

(3) 그런데 신탁사가 수분양자로부터 수령한 분양대금은 우선수익권의 담보가 되는 신탁재산이다. 그러므로 신탁사가 분양대금을 반환하면 우선수익자는 신탁사를 상대로 신탁재산을 감소시켰다는 이유로 손해배상청구소송을 제기할 수 있다. 따라서 신탁사가 수분양자에게 분양대금반환의무가 있는지 여부는 우선수익권의 보호라는 관점에서 매우 심각한 쟁점이 된다.

나. 파산절연과 단축급부(원칙적으로 신탁사는 분양대금반환의무가 없다)

(1) 일부 신탁사들은 대법원 2009. 7. 9. 선고 2008다19034 판결을 근거로 신탁사에게 수분양자에 대한 분양대금반환의무가 있는 것으로 잘못 알고 있다. 이 판결로 인하여 부동산개발사업자나 우선수익자가 부동산개발사업 사업권을 매각하거나 우선수익자가 채권회수를 위하여 신탁재산을 처분하려고 할 때 신탁사는 수분양자의 분양대금반환청구 문제를 해결하지 않으면 사업양도를 위한 우선수익자 명의변경 절차나 우선수익자의 채권회수를 위한 공매절차의 진행을 거부하는 경우가 있다.

(2) 위 대법원판결의 사실관계는 다음과 같다

　1) 수분양자, 분양자 겸 위탁자인 시행사(이하 시행사), 그리고 수분양자가 참여한 조합(이하 조합) 3자 간에, 시행사는 수분양자와의 신탁재산(아파트)에 대한 분양계

약을 해제함과 동시에 조합과 동일한 신탁부동산에 대한 분양계약을 체결하고, 수분양자는 시행사로부터 반환받아야 할 분양대금반환채권을 조합에게 양도한다는 내용의 합의가 있었다.

2) 시행사와 조합 간에 시행사가 조합에 대하여 가진 매매대금채권을 자동채권[34]으로 하고, 조합이 양수한 수분양자의 시행사에 대한 분양대금반환채권을 수동채권으로 하여 상계하기로 하는 합의가 있었다(위 대법원판결의 원심 판결인 서울고등법원 2005나69542 판결 참조).

(3) 위 대법원판결의 요지는 다음과 같다

신탁사가 조합으로부터 받아야 할 분양대금과 상계하는 방법으로 수분양자에게 분양대금을 반환한 것은 정당하고, 더 나아가 분양대금반환청구권은 채권자의 우선수익권에 우선한다.

(4) 위 대법원판결은 다음과 같은 명백한 오류가 있다

1) 신탁재산은 파산절연(破産絕緣)의 법리상 위탁자인 시행사의 법률행위나 사정으로부터 영향을 받지 않아야

---

34) 2인이 변제기가 지난 채권을 서로 가진 상태에서 서로 동일금액의 채권을 소멸하게 하는 의사표시를 상계 또는 상계의 의사표시라고 한다. 상계의 의사표시를 하는 당사자의 채권을 자동채권이라 하고 상대방의 채권을 수동채권이라 한다.

한다. 그런데 본 사안에서는 신탁사는 위탁자인 시행사의 합의 내용에 따라 신탁재산을 처분(상계)하였다.

2) 담보신탁의 신탁재산은 우선수익자의 채권을 담보하기 위한 것이다. 신탁계약에는 신탁재산의 처분대금으로 우선수익자의 채권변제에 앞서서 수분양자의 분양대금반환채권을 우선 변제하여야 한다는 약정이 없었다.

3) 신탁사는 신탁재산 처분 전에 우선수익자의 동의를 받아야 했는데 우선수익자의 동의를 받지 않았다.

4) 결과적으로 위 대법원판결은 수분양자를 보호하려는 정책적 목적에 의한 판결로서 위법하고 선례성이 없는 판결이라고 할 것이다.

(5) 위 판결을 제외한 대법원 2018. 7. 12. 선고 2018다204992 판결, 대법원 2015. 1. 15. 선고 2013다26838 판결 등 다수 판결의 내용은 다음과 같다

1) 수분양자와 분양자(위탁자인 시행사) 간의 분양계약에서 수탁자가 분양대금을 수령하기로 정한 것은 신탁계약 및 대리사무약정에 의하여 수분양자가 분양자에게 분양대금을 지급하고, 분양자는 수령한 분양대금을 수탁자에 지급하여야 하는 절차를 단축(단축급부)하기 위한 것이다.

2) 분양계약의 당사자는 수분양자와 분양자이고 수탁자는 당사자가 아니므로 수분양자는 수탁자에게 분양대금반환을 청구할 권리가 없다.

(6) 신탁계약에 있어서 가장 중요한 원칙은 소위 파산절연이라는 것으로서 위탁자의 파산이나 기타 사정의 변화가 생겨도 신탁재산에는 아무런 영향이 없어야 한다는 것이다. 이와 같은 파산절연의 원리가 철저하게 지켜진다는 신뢰하에서만 금융기관은 부동산개발사업자에게 대출할 수 있고, 수분양자는 분양을 받을 수 있다. 무엇보다 신탁사는 분양계약의 당사자도 아니고 단지 단축급부를 위해 분양대금을 받았기 때문에 수분양자에게 분양대금을 반환할 의무가 없다. 만약 분양자와 수분양자 간의 분양계약 해제로 신탁사가 수분양자에게 분양대금을 반환할 의무가 있다고 한다면 신탁재산과 부동산개발사업의 담보력이 떨어지기 때문에 대출금융기관은 대출하지 않을 것이다.

(7) 다만 예외적으로 사전에 신탁사가 우선수익자와 합의를 하여 분양계약 해제 시 분양대금을 반환할 수 있다는 내용이 신탁계약에 기재되어 있는 경우는 신탁사는 분양대금의 반환의무가 있다.

5. 신탁사의 의무와 공매절차이행청구 소송

가. 신탁사의 권리와 법적 의무

(1) 2021년 6월 현재 부동산신탁업무를 할 수 있는 신탁사는 14개뿐이다. 그중 3개 신탁사는 2019년 9월 추가로 인가를 받았다. 신탁사의 인가는 자본시장법의 금융투자업 인가에 관한 엄격한 요건을 갖추어야 하기 때문에 부동산신탁업은 진입장벽이 아주 높은 업종이다. 자본시장법은 이와 같은 부동산신탁사의 독과점적 지위에 상응하여 부동산신탁사에 의무도 부과하고 있다.

(2) 자본시장법 제37조에는 신의성실의무를 규정하고 있고, 제64조에는 신탁사가 법령 약관에 위반하는 행위를 하거나 그 업무를 소홀히 하여 투자자에게 손해를 발생시킨 경우에는 손해배상 책임을 인정하고, 제113조에는 수익자가 신탁재산에 관한 장부와 서류의 열람이나 등본·초본의 교부를 요구하면 응해야 하는 의무를 부과하고 있다. 그리고 자본시장법 제108조에는 특정 신탁재산의 이익을 해하면서 신탁사 또는 제삼자의 이익을 도모하는 행위를 금하고 있고, 이를 위반한 경우는 처벌을 받을 수 있으며(제444조), 등록취소도 될 수 있다(제420조 제1항 6호, 시행령 제373조 제1항 11호).

나. 공매절차이행청구 소송

(1) 채무자인 부동산개발사업자가 채무불이행하면 채권자인 우선수익자는 신속하게 채권을 회수하기 위하여 신탁사에 신탁재산의 공매를 요청한다. 일반적인 경우 신탁사는 우선수익자의 요청에 따라 공매를 진행하지만 앞서 살펴본 바와 같이 신탁사가 수분양자에게 분양대금의 반환의무가 있다고 판단을 하거나 신탁사의 책임과 관련한 문제가 있으면 신탁사는 공매절차의 진행을 거부하거나, 신탁사가 제시하는 요구 사항을 이행하는 것을 조건으로 공매를 진행하겠다고 하는 경우가 있다.

(2) 이 같은 경우 우선수익자는 신탁사를 상대로 공매절차를 이행하라는 공매절차이행청구 소송을 제기할 수 있다. 실무적으로 신탁사도 법원의 판단을 받기 위하여 우선수익자의 공매절차이행청구 소송의 제기를 환영하는 경우도 있고 소송의 쟁점도 많지 않기 때문에 신속한 판결을 받을 수 있다.

6. 부동산개발사업의 권리자인 소유자는 위탁자인가 수탁자인가

가. 실무상 쟁점

도시개발법의 도시개발사업조합을 설립하려면 토지 소유자의 1/2 이상이 동의해야 하고, 도시정비법의 사업시행계획인가 신청을 위하여는 토지 등 소유자의 3/4 이상의 동의가 필요하다. 주택공급에 관한 규칙 제31조에 의하면 주상복합의 경우 토지 소유자에게 우선분양할 수 있다. 사업부지 일부가 신탁된 경우 의결권을 행사할 수 있는 소유자와 우선분양을 받을 수 있는 소유자는 위탁자인지 수탁자인지가 쟁점이 된다.

나. 의결권에 관하여

(1) 대법원 2015. 6. 11. 선고 2013두15262 판결은 도시환경정비사업 시행과 관련하여 부동산에 관하여 담보신탁 또는 처분신탁 등이 이루어진 경우에 사업시행인가신청에 필요한 동의를 얻어야 하는 토지 등 소유자는 모두 수탁자가 아니라 도시환경정비사업에 따른 이익과 비용이 최종적으로 귀속되는 위탁자로 해석하는 것이 타당하며, 토지 등 소유자의 자격 및 동의자 수를 산정할 때에는 위탁자를 소유자로 보고 산정하여야 한다고 판결하고 있다.

(2) 도시정비법이 소유자에게 도시환경정비사업을 시행할 수 있도록 하고 토지 등 소유자의 동의를 얻도록 요구하는 것은 도시환경정비사업과 직접적인 이해관계가 있는 당사자가 주체가 되어 사업을 추진하고 또한 그러한 이해관계인의 의견을 반영하려는 취지다. 부동산신탁은 토지 등 소유자의 의사에 기하여 추진되는 도

시환경정비사업 시행을 위한 수단이므로 도시환경정비사업 시행의 동의 절차에서는 소유자인 위탁자가 주체가 되는 것이 타당하다. 도시개발법도 의결권에 관하여 위탁자가 소유자가 되는 점은 원칙적으로 도시정비법과 같다.

다. 주택공급에 관한 규칙 제31조(주상복합의 사업 부지 소유자 우선공급)

(1) 주택공급에 관한 규칙 제31조는 건축법 제11조에 따른 건축허가를 받아 주택 외의 시설(상가와 오피스텔)과 주택을 동일 건축물(주상복합)로 하여 주택법 제15조 제1항에 따른 30호 이상의 주택을 공급하는 경우, 주택에 대해서는 해당 사업 부지의 소유자에게 1세대 1주택을 기준으로 우선공급할 수 있다고 규정하고 있다.

(2) 이 규정은 2004. 3. 30. 신설된 규정인데 주택공급의 공정성과 공공성에 비추어 이 조항의 사업 부지의 소유자는 사법상의 권리자와 동일하게 등기상 명의자인 소유자이고, 부동산을 신탁한 위탁자가 아니다.

(3) 실무적으로도 주상복합건설사업의 토지주가 우선공급을 받기 위해서는 위탁자가 아닌 등기상의 소유자가 되어야 하고, 사업자등록을 한 공동 건축주가 되어야 한다.

7. 신탁부동산에 대한 처분금지가처분

가. 실무상 쟁점

(1) 실무에서는 부동산개발사업자인 위탁자의 채권자가 부동산개발사업을 방해하기 위한 수단으로 채권자대위권[35]에 기하여 신탁해제나 신탁종료 시 신탁부동산의 귀속으로 인한 위탁자의 수탁자에 대한 소유권이전등기청구권을 원인으로 신탁부동산에 처분금지가처분 신청을 하는 경우가 있다. 이와 같은 신청에 대하여 법원이 신탁부동산의 특수성을 간과하고 일반적인 부동산으로 잘못 판단하여 처분금지가처분 결정을 하는 경우가 있다.

(2) 만약 신탁부동산에 처분금지가처분이 경료되면 부동산개발사업자인 위탁자는 물론 우선수익자 또한 대출금 회수를 걱정한다. 채권자가 실제로 채권도 없이 오로지 부동산개발사업을 빼앗거나 방해할 목적으로 법원의 실수 가능성을 예상하고 처분금지가처분 신청을 한 경우는 문제가 더 심각하다.

나. 보전의 필요성

(1) 신탁부동산에 대한 가처분은 신탁의 해제나 종료로 인한 신탁부동산의 귀속을 전제로 한 위탁자의 소유권이

---

35) 채권자대위권은 제2장 Ⅶ.에서 설명한다.

전등기청구권 보전을 위한 보전처분이기 때문에 부동산개발사업이 정상적으로 진행되고 있거나, 위탁자의 채무불이행으로 우선수익자가 수탁자에게 신탁재산의 처분을 요청한 경우에는 위탁자에게 소유권이전등기청구권이 발생할 가능성이 없다.

(2) 따라서 신탁계약이 해제되거나 종료가 되었거나, 신탁계약의 해제나 종료가 예상된다는 사실(피보전권리의 발생과 보전의 필요성)에 대한 소명이 없는 신탁부동산에 대한 처분금지가처분 신청은 피보전권리 및 보전의 필요성이 없는 경우이므로 인용되어서는 안 된다(대법원 2008. 10. 27.자 2007마380 결정).

Ⅲ. 금지사항의 부기등기(수분양자와 주택조합원을 보호하는 제도)

1. 개요

가. 주택법 제61조 제1항은 부동산개발사업자(사업 주체)가 주택건설사업에 의하여 건설된 주택 및 대지에 대하여는 입주자 모집공고승인 신청일(주택조합의 경우에는 주택건설사업계획승인 신청일을 말한다) 이후부터 입주 예정자가 그 주택 및 대지의 소유권이전등기를 신청할 수 있는 날 이후 60일까지의 기간 동안 입주 예정자의 동의 없이 주택 및 대지에 저당권 또는 가등기담보권[36]

등 담보물권이나 전세권·지상권 또는 등기되는 부동
산임차권을 설정하는 것을 금지하고 있다.

나. 주택법 제61조 제3항은 위와 같이 저당권설정 등의 제
한을 할 때 사업 주체는 해당 주택 또는 대지가 입주
예정자의 동의 없이는 양도하거나 제한물권을 설정하
거나 압류·가압류·가처분 등의 목적물이 될 수 없는
재산임을 소유권등기에 부기등기(附記登記)하여야 한다
고 규정한다.

다. 주택법 제61조 제5항은 부기등기일 이후에 해당 대지
또는 주택을 양수하거나 제한물권을 설정받은 경우 또
는 압류·가압류·가처분 등의 목적물로 한 경우에는
그 효력을 무효로 한다고 규정한다.

라. 주택법 시행령 제72조는 부기등기에 '이 토지는 주택법
에 따라 입주자를 모집한 토지(주택조합의 경우에는 주택
건설사업계획승인이 신청된 토지를 말한다)로서 입주 예정
자의 동의 없이는 양도하거나 제한물권을 설정하거나
압류·가압류·가처분 등 소유권에 제한을 가하는 일체

---

36) 가등기담보권은 가등기담보 등에 관한 법률(가등기담보법)에 의하여 채권
을 담보할 목적으로 담보부동산에 대해 채권자와 채무자 간에 대물변제의
예약이나 매매의 예약을 하고, 채권자의 예약완결권 행사로 발생할 소유권
이전등기청구권을 보전하기 위한 가등기를 마친 경우, 채권자인 가등기권자
가 채무자가 채무를 이행하지 않으면 담보부동산을 처분하여 채권을 변제
받거나, 정산 후 담보부동산의 소유권을 취득할 수 있는 권리를 말한다.

의 행위를 할 수 없음'이라는 내용과 '이 주택은 부동
산 등기법에 따라 소유권보존등기를 마친 주택으로서
입주 예정자의 동의 없이는 양도하거나 제한물권을 설
정하거나 압류·가압류·가처분 등 소유권에 제한을 가
하는 일체의 행위를 할 수 없음'이라는 내용을 기재하
여야 한다고 규정하고 있다.

마. 그리고 대법원의 등기예규[37]인 '주택법 제61조 제3항에
따른 금지사항의 부기등기에 관한 업무처리지침'에 금
지사항의 부기등기 등기절차를 자세히 규정하고 있다.

2. 실무상 쟁점

가. 입주자모집승인의 조건

(1) 주택공급에 관한 규칙 제16조 제1항은 주택이 건설되는
대지의 소유권을 확보하고 있으나 그 대지에 저당권·
가등기담보권·가압류·가처분·전세권·지상권 및 등기
되는 부동산임차권 등(이하 "저당권 등"이라 한다)이 설정
되어 있는 경우에는 그 저당권 등을 말소해야 입주자를
모집할 수 있다고 규정하고 있다.

(2) 따라서 주택건설사업계획승인을 받은 사업자와 건축허
가를 받은 주상복합건물 건축주, 그리고 조합이 설립된

---

37) 대법원 종합법률정보 사이트 '규칙/예규/선례'에서 등기예규를 찾을 수 있다.

주택조합이 입주자모집승인(분양승인)을 받으려고 할 때, 누군가가 사업을 방해하기 위하여 사업 부지에 가압류나 가처분을 하면 가압류나 가처분이 말소될 때까지 입주자모집을 하지 못하기 때문에 부동산개발사업에 치명적인 결과를 초래할 수 있다.

나. 주택조합의 경우[38)]

주택조합은 금지사항의 부기등기가 가능한 시점이 입주자모집승인 신청일이 아니라 주택건설사업계획승인 신청일임을 알아야 한다. 대법원이 2014년 '주택법 제61조 제3항에 따른 금지사항의 부기등기에 관한 업무처리지침'을 개정하기 전까지 등기소에서 주택조합의 경우도 주택건설사업계획승인을 받았다는 확인서를 요구하여 주택건설사업계획승인을 받지 못한 주택조합은 주택건설사업계획승인 이후에야 금지사항의 부기등기 신청이 가능했었다. 그래서 지금도 실무에서는 대법원의 등기예규가 개정된 사실을 모르고 주택건설사업계획승인 신청일에 금지사항의 부기등기를 신청하지 않아서 사업 부지에 가압류 등이 되어 부동산개발사업에 어려움을 겪는 경우가 있다.

---

38) 금지사항의 부기등기가 수분양자를 보호하기 위한 제도라는 점에서 주택조합은 조합이 설립됨으로써 이미 수분양자가 모집이 된 경우와 같다고 보고 주택건설사업계획승인 신청일에 금지사항의 부기등기를 신청할 수 있도록 한 것이다.

다. 유의할 사항

금지사항의 부기등기에 관한 규정은 무주택 입주자와 주택
조합원을 보호하기 위하여 어쩌면 정당한 권리를 가진 제3
자를 희생시키면서 강행하는 초법률적인 규정이다. 그런데
부동산개발사업자 중에는 이 제도를 이용하지 못하는 경우
가 있다. 따라서 이 규정은 입주자 보호와 부동산개발사업
의 보호를 위해 매우 유용한 규정이므로 부동산개발사업자
는 반드시 활용하여야 할 것이다.

Ⅳ. 소유권이전등기청구권에 대한 압류[39]

1. 실무상 쟁점

가. 부동산개발사업자인 위탁자(채무자)의 채권자가 신탁계
약이 해제될 경우 위탁자가 수탁자(제3채무자)에 대하
여 갖게 되는 신탁부동산에 대한 소유권이전등기청구

---

39) 소유권이전등기청구권의 압류는 소유권이전등기청구권을 위한 가등기가 경
료된 경우와 가등기가 경료되지 않은 경우가 있다. 가등기가 경료된 경우는
소유권이전등기청구권의 압류가 등기되어 압류권자가 보호되는 것은 당연
하다(대법원 1998. 8. 21. 선고 96다29564 판결). 그러나 가등기가 경료되
지 않은 경우에는 소유권이전등기청구권을 등기할 방법이 없어서 여러 복
잡한 쟁점이 있다. 여기서 소유권이전등기청구권의 압류는 가등기가 경료되
지 않는 경우로 한정한다.
실무적으로는 가압류가 압류보다 많다. 가압류는 채권자가 판결 등 채무명
의(집행권원)를 받을 경우 본압류로 될 수 있기 때문에 압류에 대한 설명은
그대로 가압류의 경우에도 동일하게 적용된다.

권을 압류하는 경우가 있다.

나. 그리고 부동산개발사업자가 사업 부지의 소유자와 부동산매매계약을 체결한 상태에서 부동산개발사업의 사업권을 양도하는 경우 사업권 양도인과 양수인 그리고 사업 부지의 매도인인 소유자 3자가 합의하면 사업권 양수인이 부동산 매수인의 지위를 이전받을 수 있다. 만약 사업 부지의 매도인인 소유자가 동의하지 않으면 사업권 양수인은 부득이 사업권 양도인을 대위하여 양도인이 사업 부지의 소유자에 대하여 가진 매매로 인한 소유권이전등기청구권을 압류하는 경우가 있다.

다. 이 경우 압류권자는 어떤 절차로 채권을 회수하는지, 압류명령을 송달받은 수탁자나 사업 부지의 매도인인 소유자(제3채무자)가 위탁자나 사업권 양도인(채무자)에게 소유권을 임의로 이전할 경우 어떤 책임을 지는지, 수탁자나 사업 부지의 매도인인 소유자(제3채무자)가 위탁자나 사업권 양도인(채무자) 또는 위탁자나 사업권 양도인(채무자)의 다른 채권자로부터 채권자대위권에 기하여 위탁자나 사업권 양도인(채무자)에게 소유권이전등기절차를 이행하라는 소송을 당하였을 때는 어떠한 조치를 취해야 하는지 등 여러 쟁점이 있다.

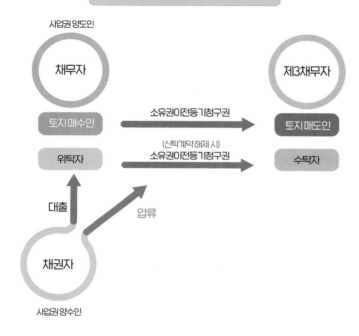

2. 압류권자가 채권을 회수하는 절차

가. 민사집행법 제244조[40] 제2항에 의하여 압류권자는 제3

---

40) 종전 민사소송법 제577조. 민사집행법 제244조(부동산청구권에 대한 압류)
① 부동산에 관한 인도청구권의 압류에 대하여는 그 부동산소재지의 지방
법원은 채권자 또는 제3채무자의 신청에 의하여 보관인을 정하고 제3채무
자에 대하여 그 부동산을 보관인에게 인도할 것을 명하여야 한다. ② 부동
산에 관한 권리이전청구권의 압류에 대하여는 그 부동산소재지의 지방법원
은 채권자 또는 제3채무자의 신청에 의하여 보관인을 정하고 제3채무자에
대하여 그 부동산에 관한 채무자명의의 권리이전등기절차를 보관인에게 이
행할 것을 명하여야 한다. ③ 제2항의 경우에 보관인은 채무자명의의 권리

채무자에 대하여 부동산에 관하여 채무자에게 소유권이
전등기절차를 이행하라는 추심명령을 신청할 수 있다.

나. 추심명령을 받은 후 제3채무자가 집행관에게 소유권이
전절차에 필요한 서류를 제공하여 등기를 할 수도 있
고, 만약 제3채무자가 임의로 등기이전절차를 취하지
않을 경우는 압류권자는 제3채무자를 상대로 추심명령
에 의한 소유권이전등기절차를 이행하라는 소송을 제
기하고 판결을 받아 채무자 명의로 등기를 이전할 수
있다.

다. 이 경우 채무자 명의로 이전된 부동산에 채권자를 압
류권자로 하는 압류등기가 경료되고, 이후 채권자는 경
매를 신청하여 채권을 회수할 수 있다(대법원 2000. 2.
11. 선고 98다35327 판결).

3. 제3채무자가 채무자에게 소유권을 이전한 경우의 문제

가. 압류명령을 위반한 소유권이전의 효력

(1) 소유권이전등기청구권의 압류결정을 송달받은 제3채무
자가 압류결정의 내용에 반하여 채무자에게 임의로 소
유권이전등기절차를 이행하였을 경우 소유권이전등기

이전등기신청에 관하여 채무자의 대리인이 된다. ④ 채권자는 제3채무자에
대하여 제1항 또는 제2항의 명령의 이행을 구하기 위하여 법원에 추심명령
을 신청할 수 있다.

의 효력을 인정할 것인가에 대하여 다툼이 있었다.

(2) 대법원 1992. 11. 10. 선고 92다4680 전원합의체 판결은 소유권이전등기청구권이 압류되어 있다 하더라도 제3채무자가 압류결정에 반하여 채무자에게 소유권을 이전하는 것은 유효하다고 판결하였다. 소유권이전등기청구권의 압류가 등기되지 않았기 때문에 등기되지 않은 압류채권자를 보호하기 위하여 외형상 정상적으로 경료된 등기의 효력을 부인하는 것은 법적 안정성을 해치는 것이다.

(3) 그러나 이 경우 압류권자의 권리행사를 침해한 제3채무자는 압류권자에게 손해배상책임이 있다.

나. 집행관에게 소유권이전 서류 제공

제3채무자가 손해배상책임을 부담하지 않고 채무자에게 소유권을 이전하기 위해서는 압류명령에 기재된 보관인(대부분 집행관이다. 민사집행법 제244조 제2항)에게 소유권이전등기 서류를 제공하면 이를 수령한 보관인이 채무자에게 소유권을 이전하고, 압류명령의 취지에 따라 채무자 명의 부동산에 압류등기를 한다.

4. 제3채무자가 소송을 당하였을 경우의 문제

가. 제3채무자가 압류명령에 반하여 임의로 채무자에게 소유권을 이전하는 것은 효력이 있고, 압류권자의 손해는

제3채무자에게 배상책임이 있다. 그러나 채무자나 채무자의 다른 채권자로부터 채무자에게 소유권을 이전하라고 제3채무자에게 제기된 소송의 경우는 승소한 채무자나 채무자의 또 다른 채권자가 판결에 의하여 채무자 명의로 소유권 이전이 가능하지만, 이 경우 압류권자는 누구에게도 손해배상청구[41]를 할 수 없게 된다.

나. 이 점에 관하여 대법원 1998. 11. 19. 선고 98다24105 전원합의체 판결의 내용은 다음과 같다.

　(1) 일반적으로 채권에 대한 가압류가 있더라도 이는 채무자가 제3채무자로부터 현실로 급부를 추심하는 것만을 금지하는 것이므로 채무자는 제3채무자를 상대로 그 이행을 구하는 소송을 제기할 수 있고, 법원은 가압류가 되어 있음을 이유로 이를 배척할 수 없는 것이 원칙이다.

　(2) 그러나 소유권이전등기를 명하는 판결은 의사의 진술을 명하는 판결[42]로서 이것이 확정되면 채무자는 일방적으로 이전등기를 신청할 수 있고 제3채무자는 이를 저지할 방법이 없으므로 이와 같은 경우에는 가압

---

41) 물론 압류 사실을 알고 있는 제3채무자가 소송에서 압류 사실을 밝히지 않아서 채무자에게 소유권 이전하라는 판결이 선고되었다면 압류권자는 제3채무자에게 손해배상청구를 할 수 있다.

42) 동의나 승낙의 의사표시를 한 것으로 갈음하는 판결이다(민법 제389조 제2항).

류의 해제를 조건으로 하지 아니하는 한 법원은 채무
자에게 소유권이전을 구하는 청구를 인용하여서는 안
된다.

다. 실제 판결의 주문은 '압류를 취소하는 조건으로 제3채
무자는 채무자에게 소유권을 이전하라'는 내용이 된다.

5. 유의할 사항

가. 소유권이전등기청구권에 대한 압류는 단순히 당사자
간의 채권채무의 문제인데 이것이 부동산개발사업에
서 얼마나 중요한 비중을 차지하는지에 대하여 의문을
갖는 사람도 있을 수 있다.

나. 부동산개발사업의 현장에서는 정당한 사업권 양수인이
나 채권자가 부동산개발사업의 사업권을 양도받거나
채권을 집행하기 위해 사업권 양도인이나 채무자의 소
유권이전등기청구권을 가압류하는 경우가 많다. 그러
나 부동산개발사업자의 토지 취득을 방해하거나 부동
산개발사업을 방해하기 위하여 채권이 없음에도 불구
하고 소유권이전등기청구권을 가압류하는 경우도 비일
비재하다. 이러한 경우에 부동산개발사업자나 관계자
는 부동산개발사업을 보호하기 위하여 다양한 경우에
발생이 예상되는 법률관계를 정확하게 파악하고 있어
야만 상황에 맞는 조치를 적시에 취할 수가 있다.

다. 부동산개발사업을 성공시키기 위해서 채무자인 부동산
개발사업자의 입장에서 제3채무자의 압류권자에 대한
손해배상 책임을 대신 부담하고 소유권이전등기청구권
이 압류된 토지를 취득할 수도 있고, 부동산개발사업
사업권의 양수인인 압류권자의 입장에서 사업 부지의
소유자와 원만한 합의를 위해 압류를 취소해야 하는
경우도 많다.

V. 가등기

1. 가등기의 정의와 실무상 쟁점

가. 가등기의 정의

가등기는 부동산등기법 제88조와 동법 제3조에 의하여 소
유권, 저당권, 등기할 수 있는 임차권, 전세권 등의 이전,
소멸 등의 청구권을 보전하거나, 예약완결권이 유보된 청구
권을 보전하기 위하여 하는 등기를 말한다. 예를 들어 매매
계약을 하고 매매계약에 의한 소유권이전등기청구권을 보
전하거나, 매매예약을 하고 예약완결권을 행사하면 발생할
소유권이전등기청구권을 보전하기 위해서 가등기를 한다.

나. 실무상 쟁점

(1) 부동산개발사업을 위하여 사실상 농지를 취득하였으나
농지법에 저촉이 되어 농지전용허가를 받을 때까지 농

지를 취득할 수 없는 경우에 형식적으로 잔금을 일부 남겨놓고 부동산개발사업자 명의로 가등기를 경료하는 경우가 있다. 그리고 실제로 계약금과 중도금을 지급한 상태에서 예약완결권을 유보하고 가등기를 경료하였으나 사업기간이 10년을 경과함으로써 예약완결권이 소멸하게 되는 경우도 있다.

(2) 이와 관련하여 가등기권리의 양도는 가능한지, 농지에 대한 가등기는 효력이 있는지, 예약완결권이 제척기간 경과로 소멸하는 경우 가등기에 의한 본등기가 가능한지, 효력이 상실한 가등기를 당사자가 합의에 의하여 유용할 수 있는지 등이 실무상 쟁점이 된다.

2. 가등기권리의 양도와 가등기의 부기등기[43]

가. 가등기권리의 양도가 가능한지에 대하여 다툼이 있었으나 대법원 1998. 11. 19. 선고 98다24105 전원합의체 판결은 가등기권리의 양도는 가등기권리(소유권이전등기청구권과 같은 물권변동의 청구권)를 양도하는 내용의 부기등기의 경료로 가능하다고 판결하였다. 가등기는 원래 소유권이전등기청구권과 같은 물권변동의 청구권[44]의 순위를 확보하는 데에 그 목적이 있다. 순위 보전의

---

43) 가등기의 부기등기는 부동산등기부등본의 가등기의 등기 번호에 가지번호가 붙는다.

44) 저당권설정청구권도 물권적 청구권이므로 가등기가 가능하다.

대상이 되는 소유권이전등기청구권과 같은 물권변동의
청구권은 그 성질상 양도될 수 있는 재산권이고 가등기
에 의하여 그 권리가 공시된다. 따라서 소유권이전등기
청구권과 같은 물권변동의 청구권을 양도한 경우에는
양도인과 양수인의 공동신청으로 가등기에 대한 부기
등기에 그 내용을 기재하고 등기를 하면 된다.

나. 가등기권리의 양도뿐만이 아니라 가등기권리의 압류나
가처분도 부기등기의 형식으로 등기할 수 있다.

3. 농지에 대한 가등기 효력

주식회사와 같은 법인이 농지를 취득하기 위한 매매계약을
체결하였으나 농지를 취득할 수 없는 경우라도 매수한 농지
에 관하여 관련 법규상 농지전용허가[45]를 받으면 농지의 매
도인이 매수인에게 소유권이전등기를 하는 것이 가능하다.
농지의 경우라도 이와 같은 농지전용허가를 조건으로 하여
매매계약을 체결하였다면 그 매매계약이나 매매예약은 유효
하다(대법원 2015. 7. 23. 선고 2013다86878, 86885 판결).

4. 신탁가등기

가. 일반적으로 부동산개발사업자가 농지를 취득할 경우는
사실상 명의신탁 상태에서 가등기를 하거나 근저당권

---

[45] 일반적으로 매수인이 개발행위허가를 받으면 매도인은 농지전용허가를 받
을 수 있다.

을 설정하여 농지 명의인이 제3자에게 해당 농지를 처분하거나 추후 부동산개발사업자에게 소유권 이전을 거부하는 경우를 방지한다.

나. 이런 경우 농지 소유자와 신탁사가 농지에 관하여 신탁예약을 체결하고, 이후 농지전용허가나 지목의 변경에 의하여 농지를 취득할 수 있을 때 부동산개발사업자가 잔금을 납부하고 신탁예약을 신탁계약으로 변경할 수 있다. 이와 같은 신탁예약을 원인으로 신탁사를 가등기권자로 한 가등기를 신탁가등기라고 한다. 농지 소유자는 위탁자가 되고, 부동산개발사업자는 수익자 겸 매수인이 되고, 대출금융기관은 우선수익자가 된다.

다. 이러한 신탁가등기는 근저당권보다 사업 부지 확보가 용이하고, 등기 비용이 저렴하다. 그리고 개발행위허가를 받은 후에 신탁을 이용한 PF를 위해서도 신탁가등기가 편리하다.

5. 예약완결권

가. 예약완결권이란 민법 제564조[46]의 매매의 일방예약에

---

[46] 민법 제564조(매매의 일방예약) ① 매매의 일방예약은 상대방이 매매를 완결할 의사를 표시하는 때에 매매의 효력이 생긴다. ② 전항의 의사표시의 기간을 정하지 아니한 때에는 예약자는 상당한 기간을 정하여 매매완결여부의 확답을 상대방에게 최고할 수 있다. ③ 예약자가 전항의 기간내에 확답을 받지 못한 때에는 예약은 그 효력을 잃는다.

서 예약자의 상대방이 매매완결의 의사를 표시하여 매매계약의 효력이 생기게 하는 권리를 말한다.

나. 예약완결권은 일종의 형성권[47]으로서 당사자 사이에 그 행사 기간을 약정한 때에는 그 기간 내에, 그러한 약정이 없는 때에는 예약이 성립한 때부터 10년 이내에 이를 행사하여야 한다. 별도의 약정 없이 10년을 경과한 때에는 상대방이 예약 목적물인 부동산을 인도받은 경우라도 예약완결권은 제척기간의 경과로 인하여 소멸한다(대법원 1992. 7. 28. 선고 91다44766 판결).

다. 유의할 사항은 잔금의 지급 기간(예약완결권의 행사 기간)을 '사업승인 후 3개월'과 같이 정한 경우는 예약완결권의 행사 기간을 정한 경우에 해당되기 때문에 사업승인이 나지 않은 상태에서 10년이 경과해도 예약완결권은 소멸하지 않는다.

6. 가등기의 유용

가. 가등기의 원인된 권리인 매매예약완결권이 제척기간의 경과 등으로 인하여 소멸한 경우 그 가등기는 효력을 상실한다.

---

47) 형성권이란 상대방의 동의나 승낙이 필요 없이 일방적인 행사로 권리변동의 효과가 생기는 권리를 말한다. 상대방의 예약완결권 행사로 매매계약의 효력이 생기기 때문에 예약완결권은 형성권이다.

나. 부동산의 소유자와 매수인이 무효인 가등기를 유용하기로 합의한 후 무효인 가등기에 매매로 인한 소유권이전등기청구권을 매수인에게 양도한다는 부기등기를 경료한 경우, 그 부기등기를 경료받은 매수인은 부동산의 소유자나 부동산 소유자의 채권자가 제척기간의 경과를 이유로 한 가등기말소청구 주장에 대항할 수 있다(서울고등법원 2008. 12. 11. 선고 2008나43497 판결).

다. 다만 등기의 유용은 그 등기를 유용하기로 하는 합의가 이루어지기 전에 등기상 이해관계가 있는 제3자가 생기지 않은 경우에 한하여 허용된다(대법원 2002. 12. 6. 선고 2001다2846 판결). 예를 들어 가등기의 원인이 된 예약완결권이 10년이 경과되어 소멸할 당시 해당 부동산에 제3자의 압류등기가 되어 있었다면, 이후 가등기를 전제로 한 부기등기 또는 가등기에 기한 본등기를 경료하더라도 압류권자가 경매를 신청하여 경락이 되면 압류등기 이후에 등기된 가등기의 부기등기권자나 본등기권자는 경매에 의하여 낙찰을 받은 사람에게 권리를 주장할 수 없고 부기등기나 본등기는 말소된다.

VI. 체비지의 취득

1. 체비지의 정의

체비지는 환지방식의 도시개발사업에서 도시개발사업에 필

요한 경비에 충당하기 위한 토지를 말한다.[48] 도시개발사업은 수용방식과 환지방식이 있는데, 수용방식은 도시개발사업 시행자가 사업 부지를 전부 취득하여 사업을 하는 것이고, 환지방식은 토지주들이 도시개발사업조합을 설립하여 도시개발사업조합이 시행자가 되는 방식이다. 도시개발사업조합은 도시개발사업의 공사비와 각종 보상비의 재원을 마련하기 위해 사업 부지의 일부를 체비지로 지정하여 환지계획을 작성하며, 인가관청의 환지계획인가 후에 매각[49]하여 사업비에 충당한다.

2. 실무상 쟁점

가. 일반적으로 도시개발사업조합은 체비지를 공동주택사업 부지로 지정을 한다. 그래서 아파트의 분양을 원하는 부동산개발사업자는 환지계획인가 후에 도시개발사업조합으로부터 체비지를 취득한다.

나. 그런데 체비지의 매수인은 체비지 매입 후 환지처분이 공고된 날의 다음 날 이후 도시개발사업조합의 소유권

---

48) 도시개발법 제34조 ① 시행자는 도시개발사업에 필요한 경비에 충당하거나 규약·정관·시행규정 또는 실시계획으로 정하는 목적을 위하여 일정한 토지를 환지로 정하지 아니하고 보류지로 정할 수 있으며, 그중 일부를 체비지로 정하여 도시개발사업에 필요한 경비에 충당할 수 있다.

49) 도시개발법 제36조 ④ 시행자는 제34조에 따른 체비지의 용도로 환지예정지가 지정된 경우에는 도시개발사업에 드는 비용을 충당하기 위하여 이를 사용 또는 수익하게 하거나 처분할 수 있다.

보존등기 이후에 소유권이전등기[50]를 마칠 수 있기 때문에 체비지 매입 후 소유권이전등기 전까지의 체비지 매수인의 지위를 어떻게 보장할 것인지가 중요한 쟁점이 된다.

3. 체비지 매수인의 지위

가. 토지구획정리사업법(2000. 1. 28. 폐지) 폐지 이전

(1) 토지구획정리사업법 제62조 제6항은 체비지(이미 처분된 것을 제외한다)는 시행자가 환지처분의 공고가 있은 날의 익일에 그 소유권을 취득한다고 규정하고 있다.

(2) 문언의 구조상 체비지의 매수인도 환지처분의 공고가 있은 날의 익일에 원시취득한다는 취지로 해석이 되었다. 체비지가 매각되면 환지처분 당일까지는 토지구획정리사업조합이 관리하는 체비지대장에 등재가 되었다. 체비지대장은 부동산등기부와 같은 효력이 있다고 인정되었고, 체비지대장에 등재되어야만 권리를 인정받았다.

(3) 그런데 체비지대장은 토지구획정리사업조합 조합장에

---

50) 도시개발법 제42조 ⑤ 제34조에 따른 체비지는 시행자가, 보류지는 환지 계획에서 정한 자가 각각 환지처분이 공고된 날의 다음 날에 해당 소유권을 취득한다. 다만, 제36조 제4항에 따라 이미 처분된 체비지는 그 체비지를 매입한 자가 소유권이전등기를 마친 때에 소유권을 취득한다.
이와 같은 규정이 없었던 토지구획정리사업법을 적용할 때에도 체비지의 매수인이 조합으로부터 소유권이전등기를 하는 절차는 같았다.

의하여 수기로 작성되었기 때문에 정확하지 않았고, 인가관청에서도 제대로 관리를 하지 않았다. 실제로 저자가 예금보험공사의 매각 자문을 위해 검토한 사업장 중에는 종전 조합장이 체비지대장 원본을 숨긴 상태에서 사망하여 체비지의 권리변동을 알 수 없게 된 일도 있었다.

(4) 체비지의 매수인은 당해 토지에 관하여 물권과 유사한 사용·수익권을 취득하여 당해 체비지를 배타적으로 사용·수익할 수 있고, 다시 체비지를 제3자에게 처분할 수도 있으며, 환지처분공고가 있으면 그다음 날에 최종적으로 체비지를 점유하거나 체비지대장에 등재된 경우 그 소유권을 원시적으로 취득하게 된다(대법원 2007. 9. 21. 선고 2005다44886 판결).

나. 도시개발법(시행 2000. 7. 1.) 시행 이후

(1) 도시개발법 제42조 제5항에 의하여 체비지 매수인은 환지처분이 공고된 날의 다음 날 이후, 시행자인 도시개발사업조합이 소유권보존등기를 마친 후, 조합과 체결한 매매계약서를 첨부하여 소유권이전등기를 마친 때에 소유권을 이전받을 수 있다.

(2) 이 규정에 의하여 소유권이전등기를 마치기 전까지 체비지 매수인의 지위는 단순한 토지 매수인이다. 도시개발법 시행 후의 체비지의 권리변동도 체비지대장에 기

재하고 있으나, 체비지 매수인의 소유권 취득에 관한 명백한 규정이 있기 때문에 체비지대장에 부동산등기부와 같은 효력을 인정할 수는 없고, 체비지대장은 단지 권리관계 변동의 증거로서의 가치만을 인정할 수 있을 것이다.

(3) 현행 도시개발법에 따를 때 체비지는 환지예정지지정공고 후 환지처분이 공고된 날까지 부동산등기부와 같이 권리관계를 추정할 만한 장치가 없는 상태이므로 분쟁이 있거나 상대적으로 신용도가 낮은 조합의 경우에는 체비지를 취득하는 데 신중하여야 할 것이다.

Ⅶ. 채권자대위권

1. 정의 및 실무상 쟁점

가. 정의

채권자대위권은 자기의 채권을 보전하기 위하여 채무자에게 속하는 권리를 대위하여 행사할 수 있는 권리다.[51] 행사하는 자의 채권을 피보전채권이라 하고 대위행사하는 채무자의 권리를 피대위권리라고 한다.

---

[51] 민법 제404조 ① 채권자는 자기의 채권을 보전하기 위하여 채무자의 권리를 행사할 수 있다. 그러나 일신에 전속한 권리는 그러하지 아니하다. ② 채권자는 그 채권의 기한이 도래하기 전에는 법원의 허가 없이 전항의 권리를 행사하지 못한다. 그러나 보전행위는 그러하지 아니하다.

나. 실무상 쟁점

원래 채권자대위권은 피보전채권이 금전채권인 경우에 채권자가 무자력[52]인 채무자의 재산상 권리를 대위행사하여 채무자의 책임재산[53]을 확보하기 위한 것이다. 그러나 현재는 피보전채권이 금전채권 외에 소유권이전등기청구권, 명도청구권이나 기타 특정채권의 보전을 위하여 채권자대위권이 광범위하게 이용이 되고 있다. 그리고 대위할 수 있는 채무자의 권리(피대위권리)도 금전채권 외에 소유권이전등기청구권, 계약해제권, 조합탈퇴권 등 다양한 권리가 있다. 실무에서는 부동산개발사업자가 사업 부지를 확보하기 위하여 다양한 방법으로 채권자대위권을 행사하고 있다.

2. 피보전권리

가. 특정채권인 피보전권리

대법원 2001. 5. 8. 선고 99다38699 판결은 특정채권인 피보전권리의 범위와 관련하여 다음과 같은 요건을 제시하고 있다. (1) 피보전권리는 피대위권리와 밀접하게 관련되어 있다. (2) 피대위권리를 대위행사하지 않으면 피보전권리가 완전한 만족을 얻을 수 없게 될 위험이 있다. (3) 피대

---

52) 일반적으로 채무가 초과한 상태를 말한다.

53) 대위청구를 한 채권자를 포함한 채무자의 모든 채권자의 채권 변제를 위한 채무자의 재산을 말한다.

위권리를 대위행사하는 것이 피보전권리의 현실적 이행을 유효·적절하게 확보하는 데 필요하다.

특정채권인 피보전권리는 순차매도의 경우 소유권이전등기청구권, 임대차에 있어 명도청구권 등의 보전을 위한 경우뿐만이 아니라 위 요건을 충족하면 많은 권리가 피보전권리가 될 수 있다. 위 사건은 정유공급권자가 도로공사에 대한 정유공급권(피보전권리)을 보전하기 위하여 도로공사의 주유소에 대한 타사 정유의 판매금지청구권(피대위권리)을 대위행사한 사안이다.

나. 무자력

피보전권리가 금전채권인 경우는 채무자의 무자력이 채권자대위권의 행사 요건이지만, 소유권이전등기청구권, 명도청구권, 정유공급권과 같은 특정채권이 피보전권리인 경우는 무자력은 채권자대위권의 행사 요건이 아니다.

3. 피대위권리

채무자의 자유로운 재산 관리 행위에 대한 부당한 간섭이 된다는 등의 특별한 사정이 있거나, 일신에 전속한 권리(민법 제404조 제2항)인 경우를 제외하고 원칙적으로 채권자는 채무자의 모든 권리를 행사할 수 있다. 부동산개발사업의 실무상 가장 빈번하게 대위행사하는 채무자의 권리는 소유권이전등기청구권과 계약해제권이다.

채권자는 채무자의 제3자에 대한 매매계약에 기한 소유권이
전등기청구권을 대위행사하여 제3자 소유 부동산에 처분금
지가처분을 경료하여 사업 부지를 확보하기도 하고, 채권자
는 채무자가 부동산 소유자인 제3자와 체결한 매매계약의
계약해제권을 대위행사하여 제3자에 대하여 매매대금반환청
구권을 행사하기도 한다.

4. 채무자(피대위자)의 권리행사 제한

가. 사례

부동산개발사업자 A가 사업 부지 내 C 소유 토지에 대하
여 매매계약을 체결한 상태에서 채무초과가 되어 대출금을
변제하지 못하자 대출금융기관은 대출금 회수를 위하여 대
출 채권을 부동산개발업자 B에게 양도하였다. B는 C 소유
토지를 신속하게 확보하기 위하여 채권양수인으로서 A의
C에 대한 소유권이전등기청구권을 대위행사하여 소유권이
전등기청구권 보전을 위하여 C 소유 토지에 처분금지가처
분 신청을 하였고, 법원으로부터 처분금지가처분 결정을
받았다. 이때 A가 처분금지가처분 결정 사실을 알고 있는
상태에서 B가 C 소유 토지를 취득하는 것을 방해하기 위
하여, C와 합의하여 C 소유 토지에 대한 매매계약을 해제
할 수 있는지가 쟁점이다.

나. 채무자의 피대위권리 처분[54]

(1) 채권자인 부동산개발업자 B가 대위행사한 부동산개발업자 A의 권리는 토지 소유자 C에 대한 매매계약에 기한 소유권이전등기청구권이다.

(2) 그리고 A가 매매계약을 해제하는 행위는 매매계약에 기한 A의 C에 대한 소유권이전등기청구권을 소멸시키는 행위이다.

(3) 소유권이전등기청구권을 소멸시키는 A의 매매계약 해제 행위는 채권자 B가 A보다 먼저 소유권이전등기청구권을 행사하였기 때문에 채무자가 채권자의 대위행사 사실을 안 후에는 채무자가 피대위권리를 처분하여도 채권자에게 대항하지 못한다는 민법 제405조 제2항에 의하여 B에게 효력이 없다(대법원 1996. 4. 12. 선고 95다 54167 판결).

---

54) 민법 제405조(채권자대위권행사의 통지) ① 채권자가 전조 제1항의 규정에 의하여 보전행위 이외의 권리를 행사한 때에는 채무자에게 통지하여야 한다. ② 채무자가 전항의 통지를 받은 후에는 그 권리를 처분하여도 이로써 채권자에게 대항하지 못한다.

Ⅷ. 골프장개발사업과 토지수용

1. 개요

국토계획법 제95조는 도시·군계획시설사업의 시행자는 도시·군계획시설사업에 필요한 토지를 수용할 수 있다고 규정하고 있고, 골프장개발사업자는 국토계획법 제88조에 의하여 실시계획인가를 받으면 골프장 부지를 수용할 수 있다. 그런데 공공필요성이 없는 회원제 골프장개발사업의 시행자에게 토지수용권을 주는 것은 헌법 제23조 국민의 재산권 보장 조항에 위반이라는 주장이 제기되었다. 이하에서는 골프장개발사업 시행자의 토지수용권과 관련된 법규와 헌법재판소결정과 대법원판결 그리고 공공필요성의 내용과 회원제 골프장과 대중제(퍼브릭) 골프장의 법 적용의 차이에 대하여 설명한다.

2. 관련 법규의 내용

가. 헌법 제23조 제1항은 '모든 국민의 재산권은 보장된다. 그 내용과 한계는 법률로 정한다.' 동조 제2항은 '재산권의 행사는 공공복리에 적합하도록 하여야 한다.' 동조 제3항은 '공공필요에 의한 재산권의 수용·사용 또는 제한 및 그에 대한 보상은 법률로써 하되, 정당한 보상을 지급하여야 한다.'라고 규정하고 있다.

나. 국토계획법 제95조는 '도시·군계획시설사업의 시행자는 도시·군계획시설사업에 필요한 토지·건축물 또는 그

토지에 정착된 물건을 수용하거나 사용할 수 있다.'라고
규정하고 있다.

다. 공익사업을 위한 토지 등의 취득 및 보상에 관한 법률
(토지보상법) 제20조 제1항은 '사업시행자는 제19조에 따
라 토지 등을 수용하거나 사용하려면 대통령령으로 정
하는 바에 따라 국토교통부장관의 사업인정을 받아야
한다.'라고 규정하고 있다.

라. 국토계획법 제2조에 의하면 도시·군계획시설사업은 기
반시설 중 도시·군관리계획(지구단위계획)으로 결정된
시설인 도시·군계획시설을 설치·정비 또는 개량하는
사업을 말한다. 골프장은 기반시설인 체육시설이며, 지
구단위계획에 의하여 결정된 골프장(도시·군계획시설)을
개발(설치)하는 사업(골프장개발사업)은 도시·군계획시설
사업이다.

3. 헌법재판소의 헌법불합치결정과 국토계획법 개정

가. 헌법재판소결정(2011. 6. 30.)

헌법재판소는 공공필요성이 떨어지는 회원제 골프장의 조
성사업과 같은 사업을 위해 민간 기업에 공용수용권을 허
용하는 것은 주민들의 재산권을 과도하게 침해하는 것이므
로 헌법에 반한다는 위헌법률심사청구에 대하여, 국토계획
법 제2조 제6호 라목 중 '체육시설' 부분이 개별 체육시설

의 성격과 공익성을 고려하지 아니한 채 구체적으로 범위를 한정하지 아니하고 포괄적으로 대통령령에 입법을 위임하고 있는 것은 헌법상 위임입법의 한계를 일탈하여 포괄위임금지원칙에 위배된다는 헌법불합치결정을 하였다(헌법재판소 2008헌바166, 2011헌바35(병합) 결정).

나. 국토계획법 개정(2012. 12. 18.)

국토계획법 제2조 제6호 라목의 '체육시설'을 '공공필요성이 인정되는 체육시설'로 개정하였다.

4. 공공필요성

체육시설을 이용하기 위해서 일반인들이 과도한 경제적 부담을 하여야 하는 시설은 일반적으로는 공공필요성이 있다고 보기 어렵다. 비록 그 시설이 누구에게나 개방되어 있고 일정한 비용만 지불하면 누구나 그 시설을 이용할 수 있다 하더라도 시설 이용에 소요되는 비용이 사회 경제적 수준에 비추어 과도하다면 그 시설은 소수에게만 접근이 용이한 시설이 되어 공공필요성이 있다고 보기 어렵다. 반면에 비록 시설 이용에 일정한 비용이 소요된다 하더라도, 해당 체육 활동이 그 사회 내에서 체육 활동의 일반적인 범주로서 수용되고 있다거나, 그 사회의 경제적 수준에 비추어 그 비용이 과다하지 않은 체육시설 등은 기반시설로서의 공공필요성을 인정할 수 있다(헌법재판소 2011. 6. 30.자 2008헌바166,

2011헌바35(병합) 결정).

5. 회원제 골프장

가. 회원제 골프장 실시계획인가의 효력

대법원 2013. 10. 11. 선고 2012두15784 판결은 회원제 골프장의 도시계획시설결정은 일반인의 이용에 제공하기 위하여 설치하는 골프장에 관한 것만 적법한 것으로 볼 수 있다. 그런데 회원제 골프장은 형식상 누구나 입회비만 내고 회원 자격을 얻으면 그 시설을 이용할 수 있지만, 우리 사회의 일반적인 경제적 수준에 비추어 상당한 정도로 고액인 입회비를 내고 회원 이외의 사람에게는 이용이 제한되므로 일반인의 이용에 제공하기 위하여 설치하는 체육시설이라고 보기 어렵다. 따라서 회원제 골프장을 도시계획시설사업으로 하는 도시계획시설사업실시계획인가는 위법하다고 판결하였다.

나. 회원제 골프장의 쇠퇴

회원제 골프장은 위 대법원판결 이후 2014년 하반기부터 현재까지 토지수용을 위한 사업인정은 물론 실시계획인가를 받은 사례가 없다.

6. 대중제 골프장

대중제 골프장의 경우는 대체로 공공필요성이 인정되어 실

시계획인가와 토지수용을 위한 토지보상법 제20조의 사업인
정[55]을 받고 있다.

7. 회원제 골프장에 대한 인식 변화의 필요

현재 대중제 골프장의 이용료가 회원제 골프장에 비하여 크
게 저렴한 것도 아니다. 일부 대기업 소유의 대중제 골프장
의 경우는 회원제 골프장보다 훨씬 더 폐쇄적인 경우도 있
다. 과거 회원제 골프장은 골프장개발사업자가 토목·건설업
을 같이 경영하면서 회원권 분양대금만으로 골프장을 건설
하고[56], 건설로 인한 이익을 얻은 다음에 골프장의 관리를
적극적으로 하지 않았기 때문에 많은 문제가 발생했다. 그
러나 골프장개발사업자의 분양대금 관리에 대한 법적 의무
를 강화하고, 골프장 건설비로 분양대금 일부만을 사용할
수 있게 한다면 회원제 골프장도 골프장개발사업의 자금확
보가 상대적으로 쉽고, 불황기에 위험을 분산할 수 있는 장
점이 있다. 이제는 단순히 '회원제' 또는 '대중제(퍼브릭)'라는
명칭에 따라 법 적용을 달리할 것이 아니라 회원제 골프장
의 활성화를 위한 제도개선이 필요하다.

---

55) 토지보상법 제2조 7호 사업인정이란 공익사업을 토지 등을 수용하거나 사
용할 사업으로 결정하는 것을 말한다.
56) 회원제 골프장은 건설공사비를 포함한 총사업비를 분양대금으로 충당할 수
있다.

제3장

부동산개발사업 사업권

제3장

부동산개발사업 사업권

I. 부동산개발사업 사업권의 정의 및 실무상 쟁점

1. 부동산개발사업 사업권의 정의

가. 부동산개발사업의 사업권이란 토지 매수인의 지위, 개발행위허가를 받은 자의 지위, 신탁계약의 위탁자 겸 수익자의 지위와 각종 계약 당사자의 지위, 분양자의 지위 등을 포함한 부동산개발사업을 경영할 총체적인 권리가 유기적으로 결합한 권리로서 부동산개발사업의 중요한 일부를 말한다.

나. 다른 사업의 사업권과 달리 부동산개발사업의 사업권은 건축물이나 체육시설의 공급이라는 목적을 위한 연관성 있는 여러 지위와 권리가 유기적으로 결합하였다는 점에서 특별한 의미가 있다. 예를 들어 토지 매수인의 지위는 일반적으로는 토지의 소유권 자체를 취득할 수 있는 권리를 가진 지위라고 할 수 있으나 부동산개

발사업에서의 토지 매수인의 지위는 토지의 소유권 자체를 취득할 수 있는 권리보다는 개발행위허가를 받을 수 있는 절대적인 자격[57]으로서의 의미가 더 중요하다고 할 것이다. 그리고 개발행위허가를 받은 자의 지위도 단순히 부동산개발을 할 수 있는 권리를 가진 지위 외에 건축물이나 체육시설을 공급할 수 있는 권리의 전제조건으로서의 의미가 중요하다.

다. 부동산개발사업의 사업권의 중요 요소는 (1) 토지 매수인의 지위, (2) 개발행위허가를 받은 자의 지위, (3) 신탁계약의 위탁자 겸 수익자의 지위, (4) 분양자의 지위이다.

2. 실무상 쟁점

가. 모든 부동산개발사업자의 일차적인 목표이면서 사실상 부동산개발사업의 분수령이 되는 것은 개발행위허가를 받는 것이다.

나. 일반적으로 대형 부동산개발사업자를 제외하고 부동산개발사업자 중 토지의 계약부터 건축물의 공급까지 부동산개발사업을 계속하는 사업자는 거의 없다.[58] 부동

---

57) 토지 매수인의 지위만으로는 개발행위허가를 받을 수 없다. 그러나 개발행위허가의 가장 중요한 요건인 토지 소유권을 취득하기 위해서는 토지 매수인의 지위가 되어야 한다.

58) 대형 부동산개발사업자나 대형건설사가 직접 부동산개발사업을 하는 경우

산개발사업은 짧게는 5년 길게는 20년 이상 걸리는 사업이기 때문에 사업 중간에 경제 상황이나 자금 조달 여건의 변동 그리고 부동산개발사업의 사업권 매수를 원하는 사람들의 매수 제의나 사업 방해 등으로 인하여 부동산개발사업의 사업권이 양도되는 경우가 다른 사업에 비하여 많다.

다. 그리고 부동산개발사업자에게 사업 자금을 대여하는 금융기관은 여신약정을 하면서 예외 없이 부동산개발사업자로부터 채무를 불이행할 경우 부동산개발사업 사업권을 금융기관이나 금융기관이 지정하는 자에게 이전하기로 하는 각서를 받는다. 실제로 금융기관은 개발사업자인 채무자의 채무불이행이나 파산으로 인하여 부동산개발사업의 사업권을 이전받아 제3자에게 매각하는 경우가 많다.

라. 거래계에서 부동산개발사업 사업권이 양도 대상이 된다는 사실은 부동산개발사업 사업권의 가치를 산정할 수 있다는 의미다. 그런데 법원의 판결은 사업권의 가치를 산정할 수 없다는 취지로 판단을 하는 경우가 있다. 법원이 부동산개발사업 사업권의 가치에 대하여 잘못 알고 있는 점을 자세하게 설명할 것이다.

도 그들이 사업을 시작하기 전에 이미 여러 부동산개발사업자가 초기 과정을 진행하던 사업을 넘겨받은 경우가 대부분이다. 따라서 처음부터 끝까지 단일한 사업자가 부동산개발사업을 하는 경우는 거의 없을 것이다.

마. 적극적으로 부동산개발사업 사업권을 양도하거나 채무
　　불이행으로 인하여 부동산개발사업의 사업권이 강제로
　　이전되는 경우에는 토지 매수인의 지위, 개발행위허가
　　를 받은 자의 지위, 신탁계약상의 지위, 분양자의 지위
　　도 이전된다. 이와 같은 이전과 관련하여 실무상으로
　　매우 중요한 여러 쟁점이 있다.

바. 그리고 금융기관은 대출의 담보로 부동산개발사업자의
　　주식에 대하여 양도담보를 받거나 근질권을 설정받는
　　다. 채무불이행의 경우에 주주권을 행사하여 부동산개
　　발사업자의 경영권을 확보하고, 부동산개발사업자의
　　사업권을 행사할 수 있다. 주식의 명의개서 및 주주권
　　을 행사하는 방법 등도 설명할 것이다.

Ⅱ. 개발행위허가의 법적 성질

1. 개발행위허가와 재량행위[59]

가. 국토계획법 제56조의 개발행위허가는 허가 기준 및 금
　　지 요건이 불확정개념[60]으로 규정된 부분이 많아 그
　　요건에 해당하는지는 행정관청의 재량에 의하여 판단

---

59) 행정청의 행위를 일반적으로 기속행위와 재량행위로 구분하고 기속행위는
　　법규를 위반하였는지에 대한 적법 여부를 판단하지만, 재량행위는 행정관청
　　의 행위에 재량권의 일탈·남용이 있었는지만을 판단한다.

60) 추상적이고 다의적인 개념

하는 영역에 속하고, 행정관청의 재량에 의하여 판단하는 행위를 재량행위라고 한다. 재량행위에 관한 판단은 행정관청이 공익을 위한 판단을 하는 기관임을 참작하여 행정관청의 재량권의 일탈·남용이 있는지만을 판단 대상으로 한다. 재량권의 일탈·남용의 판단은 행정관청이 사실을 잘못 알고 있는지에 대한 판단과 행정관청이 보호하려는 공익과 허가 대상자의 이익 및 여러 이해관계자 간에 비례·평등원칙 위반 여부 등이 판단 기준이 된다.

나. 환경의 훼손이나 오염을 발생시킬 우려가 있는 개발행위에 대한 행정관청의 허가와 관련하여, 재량권의 일탈·남용에 관한 판단은 해당 지역 주민들의 토지 이용 실태와 생활 환경 등 구체적 지역 상황, 개발행위허가 신청자와 상반되는 이익을 가진 이해관계자들 사이의 권익 균형, 환경권의 보호에 관한 각종 규정의 입법 취지 등을 종합하여 판단하여야 한다. 이렇게 환경오염 발생 우려와 같이 장래에 발생할 불확실한 상황과 파급효과에 대한 예측에 필요한 요건에 관한 행정관청의 재량적 판단은 그 내용이 현저히 합리성을 결여하였다거나 상반되는 이익이나 가치를 대비해 볼 때 형평이나 비례의 원칙에 뚜렷하게 배치되는 등의 사정이 없는 한 폭넓게 존중하여야 한다(대법원 2020. 7. 23. 선고 2019두31839).

2. 건축법상의 건축허가와 국토계획법상의 개발행위허가

가. 건축법상의 건축허가와 기속행위

건축법상의 건축허가도 일종의 개발행위허가이지만 건축법과 같이 기술적인 내용이 많은 경우에 행정관청이 건축허가 요건에 대하여 다의적인 해석을 하면 국민 생활에 혼란을 초래할 수 있으므로 건축법상의 건축허가는 원칙적으로 기속행위다. 따라서 건축허가권자는 건축허가신청이 건축법 등 관계 법령에서 정하는 어떠한 제한에 배치되지 않는 이상 같은 법령에서 정하는 건축허가를 하여야 하고, 중대한 공익상의 필요가 없음에도 불구하고 요건을 갖춘 자에 대한 허가를 관계 법령에서 정하는 제한 사유 이외의 사유를 들어 거부할 수는 없다(대법원 2012. 11. 22. 선고 2010두22962 전원합의체 판결).

나. 건축법상의 건축허가와 국토계획법상의 개발행위허가

(1) 건축주가 건축물을 건축하기 위해서는 건축법상 건축허가와 국토계획법상 개발행위허가를 각각 별도로 신청하여야 하는 것이 아니다. 건축법상 건축허가절차에서 인·허가 의제 제도를 통해 국토계획법상 개발행위허가도 동시에 심사되고 결정된다.

(2) 국토계획법이 정한 용도지역 안에서 토지의 형질변경행위, 농지전용행위를 수반하는 건축허가의 경우 건축주

는 행정관청에 건축법상 건축허가를 신청하면서 국토
계획법상 개발행위인 건축물의 건축을 위한 허가 심사
에도 형질변경과 농지전용에 필요한 자료를 첨부하여
제출하여야 한다. 그리고 건축허가를 하는 행정관청은
국토계획법상의 개발행위허가권자와 사전 협의 절차를
거친다. 최종적으로 건축법상 건축허가를 발급할 때 국
토계획법상 개발행위인 건축물의 건축허가도 의제 된
다. 이런 방법으로 건축법상 건축허가절차에서 건축주
의 건축허가신청이 국토계획법상 개발행위 허가기준을
충족하였는지가 함께 심사된다.

(3) 이 과정에서 건축주의 건축계획이 건축법상 건축허가
기준을 충족하더라도 국토계획법상 개발행위허가기준
을 충족하지 못한 경우에는 건축허가신청을 취소하여
야 하고, 건축허가를 하면서 국토계획법상 개발행위허
가는 허가하지 않는 것으로 처리하여서는 안 된다(대법
원 2020. 7. 23. 선고 2019두31839 판결).

(4) 이러한 경우의 건축허가를 위한 판단은 외형은 건축허
가신청에 대한 판단이지만 내용은 국토계획법의 개발
행위에 대한 판단이 포함되기 때문에 재량행위가 된다.

다. 개발사업자 명의변경

(1) 부동산개발사업의 사업권을 양도하면서 양도인과 양수
인 간에 개발행위허가를 받은 자의 지위를 이전하기로

약정을 하면 당연히 개발행위허가를 받은 자의 지위도 양수인에게 이전이 되는 것으로 잘못 알고 있는 경우가 있다. 사업자의 변경은 당사자의 양수도계약 외에 행정관청의 승인을 받아야 한다.

(2) 일반적으로 종전 사업자가 적극적인 협조를 하면 행정관청이 사업자명의변경승인을 해주는 경우가 많다. 그러나 행정관청은 사인 간의 사업권 양도나 개발사업자 명의변경약정에 따라야 할 의무가 없다. 오히려 사업자 변경에 따른 민원 등 여러 이유로 사업자명의변경을 승인[61]하지 않을 수도 있다는 사실을 유의하여야 한다.

Ⅲ. 계약인수(당사자 지위의 변경)

1. 정의

가. 계약인수는 계약의 당사자의 지위를 이전받는 경우를 말한다. 민법에는 제454조[62]에 개별 채무의 인수에 관하여는 규정이 있으나 계약 자체의 인수에 관한 규정은 없다. 다만 민법의 채무인수에 대한 규정은 계약인

---

[61] 양도 대상인 개발행위허가가 재량행위면 변경승인도 재량행위이고, 양도 대상인 개발행위허가가 기속행위이면 변경승인도 기속행위다. 따라서 기속행위인 건축허가의 건축주명의변경승인은 기속행위다.

[62] 민법 제454조(채무자와의 계약에 의한 채무인수) ① 제3자가 채무자와의 계약으로 채무를 인수한 경우에는 채권자의 승낙에 의하여 그 효력이 생긴다. ② 채권자의 승낙 또는 거절의 상대방은 채무자나 제3자이다.

수의 해석을 위한 기준이 되기도 한다.

나. 계약의 당사자지위의 승계를 목적으로 하는 계약인수
는 계약으로부터 발생하는 채권채무의 이전 외에 계약
관계로부터 생기는 해제권 등 계약의 포괄적 권리의무
의 이전을 포함하는 것이다. 양도인과 양수인간에 계
약인수가 적법하게 이루어지면 양도인은 계약관계에서
탈퇴하게 된다. 계약인수 후에도 양도인이 여전히 계
약상의 책임을 부담한다는 특별한 사정이 없는 한 인
수의 목적이 된 계약의 다른 당사자와 양도인 간의 계
약관계는 존재하지 않게 된다.

다. 이러한 경우 인수의 목적이 된 계약의 다른 당사자(잔
류 당사자)를 보호하기 위하여 양도인과 양수인 간의
계약의 당사자지위를 이전하는 계약은 잔류 당사자도
동의 내지 승낙을 해야 잔류 당사자에게 효력이 있다.

2. 실무상 쟁점

실무상 분양자의 지위 이전과 관련한 분쟁이 많다. 분양자
의 지위 이전은 일반적으로 수분양자와 사전에 협의를 거치
지 않고 전격적으로 이루어지는 경우가 많다. 새로운 사업
자가 수분양자에게 종전의 계약과는 다른 조건을 제시하는
경우에 수분양자가 명백하게 분양자의 지위 이전에 동의나
승낙의 의사표시를 하지는 않았으나 새로운 사업자가 제시

하는 조건을 받아들였다면 묵시적으로 승낙을 한 것으로 볼
수 있는지에 관하여 쟁점이 있다.

3. 계약인수의 인정 여부

가. 계약인수가 인정된 사례

(1) 사실관계

1) 부동산개발사업자인 건설회사(종전 회사)는 하청업자
   들에 대한 공사대금채무 등 과다한 채무로 인하여 잔
   여 공사를 마무리하더라도 채권자들이 완성된 건물
   또는 수분양자에 대한 분양대금 채권에 대해 강제집
   행을 하면 수분양자에 대한 분양대금 채권을 회수하
   는 데 어려움이 예상되었다.

2) 종전 회사는 새로운 회사를 설립하여 종전 회사와 새
   로운 회사 간에 사업권을 이전하는 계약과 동시에 새
   로운 회사에 대지 및 건물에 관한 권리를 모두 넘겨
   주고 새로운 회사가 잔여 공사를 마무리 지어 준공검
   사를 받고 수분양자에게 소유권이전등기를 마치기로
   하였다.

3) 새로운 회사는 종전 회사와 분양계약을 체결한 수분
   양자에게 준공검사가 나면 소유권이전등기를 해주겠
   으니 준공검사 동의서에 날인해 달라고 요청하였고
   수분양자는 준공검사 동의서에 날인하였다.

4) 수분양자는 건물이 준공되고 입주를 한 후 건물에 하자를 이유로 종전 회사에 손해배상청구를 하면서 종전 회사와 새로운 회사 간의 분양자의 지위 이전에 동의나 승낙을 한 사실이 없다고 주장하였다.

(2) 계약인수 인정

수분양자가 새로운 회사가 요구하는 준공검사 동의서에 서명날인한 사실에 비추어 보면 새로운 회사에게 종전 회사의 분양자의 지위가 이전된 사실을 수분양자들이 알고 동의한 것으로 보아야 한다. 따라서 수분양자들이 분양계약에서 탈퇴한 종전 회사에 대하여 하자를 이유로 손해배상을 청구하는 것은 인정할 수 없다(대법원 1996. 2. 27. 선고 95다21662 판결).

나. 계약인수가 부인된 사례

(1) 사실관계

1) 광주광역시는 광주광역시 도시개발공사 설치 조례(1993. 6. 18. 광주직할시 조례 제2394호)를 제정하고 동 조례에 의하여 1993. 9. 1. 광주광역시 도시공사를 설립하였다. 조례부칙에는 광주광역시 도시공사는 설립일로부터 광주광역시 공영개발사업단에 관한 광주광역시의 권리의무를 포괄승계한다고 규정하였으며, 이에 따라 광주광역시 도시공사는 광주광역시가 직접 개발사업 주체로서 분양하던 아파트분양계약 분양자

의 지위를 이전받았다.

2) 수분양자는 광주광역시 도시공사의 분양자 지위 이전
에 동의나 승낙을 한 사실이 없음을 이유로 아파트
하자로 인한 손해배상청구를 광주광역시에 하였다.

(2) 계약인수 부인

분양계약의 인수가 자치단체의 조례에 의한 것이라 하더
라도 수분양자의 동의가 없는 한 수분양자에게는 효력이
없다. 수분양자에 대하여 광주광역시는 분양자로서 하자
로 인한 손해배상책임이 있다(대법원 2012. 5. 24. 선고
2009다88303 판결).

Ⅳ. 소유권이전등기청구권의 양도와 매도인의 동의나 승낙

1. 부동산의 매매로 인한 소유권이전등기청구권은 물권의
이전을 목적으로 하는 매매의 효과로서 매도인이 부담하
는 재산권 이전의무다.

2. 매도인과 매수인은 신뢰 관계가 있기 때문에 소유권이전
등기청구권을 매수인으로부터 양도받은 양수인은 매도인
이 그 양도에 대하여 동의하지 않고 있다면 매도인에 대
하여 소유권이전등기청구권의 양수를 원인으로 하여 직
접 소유권이전등기절차의 이행을 청구할 수 없다.

3. 매매로 인한 소유권이전등기청구권의 양도는 통상의 채권양도와 달리 양도인의 채무자(매도인)에 대한 통지만으로는 채무자에 대한 대항력이 생기지 않으며 반드시 채무자(매도인)의 동의나 승낙을 받아야 대항력이 생긴다(대법원 2005. 3. 10. 선고 2004다67653 판결).

V. 주식 양도담보 및 주식 근질권

1. 실무상 쟁점

가. 부동산개발사업자가 사업 자금을 대출받을 때 채권의 담보로 금융기관에 부동산개발사업자의 주식을 양도담보로 제공하거나 주식에 근질권을 설정해 준다. 주식 양도담보는 주식의 소유권을 채권자에게 이전하는 것이고, 주식 근질권 설정은 채무자의 채무불이행 시 주식을 처분할 수 있는 권리를 채권자에게 부여하는 것을 말한다.

나. 부동산개발사업자가 금융기관에 대출 담보목적으로 사업권 포기각서 및 사업권 이전각서도 제출하지만 실제로 부동산개발사업의 사업권을 확보하기 위해서는 부동산개발사업자의 주주권을 행사하여 경영권을 장악할 수 있는 주식 양도담보나 주식 근질권이 더 효과적이다.

다. 대법원 2017. 3. 23. 선고 2015다248342 전원합의체 판결은 명의개서에 사실상 등기와 같은 효력을 인정하여 주주권행사를 위해서는 반드시 명의개서를 해야 한다고 판결하였다.

라. 명의개서의 방법과 명의개서 이후 주주권을 행사하여 경영권을 확보하는 절차에 대한 이해가 부족하여 주식 양도담보나 주식 근질권의 활용이 적은 편이다. 아래에서는 명의개서의 효력과 회사가 명의개서에 협조하지 않을 경우의 주주권행사 방법에 대하여 자세하게 설명한다.

2. 명의개서의 효력

가. 명의개서는 회사의 주주명부에 주주의 이름과 주식 수를 기재하는 것을 말한다. 부동산의 권리변동을 부동산등기부에 기재하는 것과 그 기능이 유사하다.

나. 이 명의개서의 효력에 관하여 대법원 2017. 3. 23. 선고 2015다248342 전원합의체 판결의 내용은 다음과 같다.

주식을 양수하였으나 아직 주주명부에 명의개서를 하지 아니하여 주주명부에는 양도인이 주주로 기재되어 있는 경우뿐만 아니라, 주식을 인수하거나 양수하려는 자가 타인의 명의를 빌려 회사의 주식을 인수하거나 양수하고 그 타인의 명의로 주주명부에 기재까지 마치는 경우에도 회사에 대한 관계에서는 주주명부상 주주만이 주주로서 의결권 등 주주권을 적법하게 행사할 수 있다.

다. 이 판결의 의미는 회사가 주주명부에 기재된 주주가 이미 주권을 양도한 사실을 알거나 명의수탁자인 사실을 알고 있더라도 주주명부상의 주주만이 주주권을 행사할 수 있다는 것이다.

라. 이 전원합의체 판결이 있기 전까지는 실제 주주가 양도사실을 입증하거나 명의신탁 사실을 증명하면 주주권을 행사할 수 있었으나 이 판결에 의하여 주주권을 행사하기 위해서는 주식의 명의개서가 반드시 필요하게 되었다.

3. 회사의 명의개서 거부와 주주권행사 방법

가. 명의개서 없이 주주권행사를 할 수 있는 예외적인 사정

만약 회사가 명의개서를 해주지 않을 경우 주식 양도담보권자나 주식 근질권자가 주주권을 행사할 수 없다면 주식 양도담보나 주식 근질권의 담보력은 상실될 것이다. 이와 같이 주식의 양도담보권자나 주식 근질권자가 질권의 행사를 위해 회사에 명의개서를 신청하였으나 회사가 명의개서를 부당하게 지연하거나 거절하는 극히 예외적인 사정이 인정되는 경우는 주주명부에 기재를 마치지 않고도 회사에 대한 관계에서 주주권을 행사할 수 있다(대법원 2017. 3. 23. 선고 2015다248342 전원합의체 판결). 명의개서 청구가 부당하게 지연되는 경우는 주식의 양도담보권자나 주식의 근질권자가 주주권의 행사를 위하여 회사에 명의개서 신청한 후 7일이 경과해도 아무런 조치가 없는 경우로 보면 될 것이다.

나. 예외적인 사정이 있는 경우의 주주권행사 방법

(1) 대표이사 직무집행정지 가처분 신청

회사에 대하여 주주의 명의개서 요구를 부당하게 거절하는 대표이사에 대하여 직무집행정지 가처분 신청과 함께 법원에 직무대행자의 선임을 신청할 수 있다.

(2) 법원에 임시주주총회소집허가 신청(상법 제366조[63] 제2항)

회사에 대하여 임시주주총회 개최를 요구하였으나, 회사가 임시주주총회를 개최하지 않을 경우 법원에 임시주주총회소집허가를 신청할 수 있다. 임시주주총회소집허가 신청서의 내용에는 회사가 명의개서를 부당하게 거부하

---

[63] 상법 제366조 ① 발행주식총수의 100분의 3 이상에 해당하는 주식을 가진 주주는 회의의 목적사항과 소집의 이유를 적은 서면 또는 전자문서를 이사회에 제출하여 임시총회의 소집을 청구할 수 있다. ② 제1항의 청구가 있은 후 지체 없이 총회소집의 절차를 밟지 아니한 때에는 청구한 주주는 법원의 허가를 받아 총회를 소집할 수 있다. 이 경우 주주총회의 의장은 법원이 이해관계인의 청구나 직권으로 선임할 수 있다. ③ 제1항 및 제2항의 규정에 의한 총회는 회사의 업무와 재산상태를 조사하게 하기 위하여 검사인을 선임할 수 있다.

거나 지연하는 사실을 기재해야 한다.

임시주주총회의 소집허가 신청과 결정절차에 대하여는 제5장 Ⅱ. 9. 다.에서 자세히 설명한다.

Ⅵ. 부동산개발사업 사업권의 양도와 주주총회의 특별 결의

1. 실무상 쟁점

가. 영업의 중요한 일부의 양도의 경우 주주총회의 특별결의를 하여야 하는 상법 제374조 제1항[64]과 관련하여 실무상 부동산개발사업 사업권의 양도가 영업의 중요한 일부의 양도인지에 대하여 쟁점이 있다. 만약 사업권의 양도가 특별결의가 필요한 사안임에도 특별결의를 하지 않았을 경우에는 사업권의 양도 자체가 무효가 된다.

나. 그리고 부동산개발사업 사업권의 양도가 영업의 중요한 일부의 양도라 하더라도 양도인이 사실상 영업의 폐지 내지 중단이 되어있는 상황이라면 특별결의가 필요 없다. 어떤 경우를 사실상 영업의 폐지 내지 중단이라고 볼 수 있는지가 쟁점이 된다.

---

[64] 상법 제374조 ① 회사가 영업의 전부 또는 중요한 일부의 양도를 할 때에는 주주의 의결권의 2/3 이상과 발행주식총수의 1/3 이상의 수로써 결의(특별 결의)해야 한다.

2. 부동산개발사업 사업권과 영업의 중요한 일부

가. 상법 제374조 제1항 제1호에서 규정하는 주주총회의 특별결의가 필요한 영업의 전부 또는 중요한 일부의 양도는 일정한 영업 목적을 위하여 유기적 일체로서 기능하는 재산의 전부 또는 중요한 일부를 양도하는 것을 의미한다.

나. 회사의 영업 그 자체가 아닌 영업용 재산의 처분이라고 하더라도 그로 인하여 회사의 영업의 전부 또는 중요한 일부를 양도하거나 폐지하는 것과 같은 결과를 가져오는 경우에는 그 처분행위는 특별결의가 필요하다(대법원 1997. 7. 25. 선고 97다15371 판결, 대법원 1998. 3. 24. 선고 95다6885 판결, 대법원 2001. 6. 1. 선고 98다17930 판결).

다. 부동산개발사업의 사업권은 부동산개발사업에서 인적 조직과 장소를 제외한 모든 재산과 권리를 말한다. 구체적으로는 앞서 설명한 것과 같이 토지 매수인의 지위, 개발행위허가를 받은 자의 지위, 신탁계약의 위탁자 겸 수익자의 지위와 각종 계약 당사자의 지위, 분양자의 지위 등을 포함한 부동산개발사업을 경영할 총체적인 권리가 유기적으로 결합한 권리를 말한다. 따라서 부동산개발사업 사업권의 양도는 부동산개발사업의 중요한 일부의 양도다.

3. 특별결의가 필요 없는 경우

가. 부동산개발사업자가 사업권을 처분할 당시에 이미 사업을 폐지하거나 중단하고 있었던 경우에는 그 처분으로 인하여 비로소 사업의 전부 또는 일부가 폐지되거나 중단되기에 이른 것이라고 할 수 없으므로 주주총회의 특별결의가 필요 없다.

나. 영업의 중단은 영업의 계속을 포기하고 일체의 영업활동을 중단한 것으로서 영업의 폐지에 준하는 상태를 말한다. 단순히 회사의 자금 사정 등 경영상태의 악화로 일시 영업활동을 중지한 경우는 해당하지 않는다 (대법원 1992. 8. 18. 선고 91다14369 판결, 대법원 2014. 9. 4. 선고 2014다6404 판결).

4. 유의할 사항

실무에서는 부동산개발사업 사업권 양도의 경우는 일단 특별결의가 필요하다고 판단하는 것이 좋다. 시간과 타이밍이 매우 중요한 부동산개발사업에 있어서 아무리 법리가 옳다는 확신이 있다 하더라도 분쟁의 실마리를 남기는 것은 사업의 실패로 귀결될 수 있기 때문이다.

Ⅶ. 사업권 양도와 법인격 남용(채무면탈에 대한 대처 방법)

1. 실무상 쟁점

가. 부동산개발사업자가 사업 초기에 기존 사업자 명의로
주변에서 돈을 빌려서 사업을 하다가 경영이 악화되면
(또는 사업 이익이 많지 않을 것으로 예상되면) 채무를 면
탈할 목적으로 채무를 제외한 기존 시행사의 사업권을
새로 설립한 회사나 이미 설립되어 있는 회사로 양도한
후 사업권을 넘겨받은 회사가 부동산개발사업을 성공시
키고도 채무를 변제하지 않는 경우가 있다. 사업권을
갖고 있던 기존 시행사나 사업권을 넘겨받은 새로운 시
행사는 대표이사는 다르지만(실제로는 대표이사도 동일한
경우도 있다) 동일한 건물이나 장소에 사무실이 있고, 소
위 동일한 '회장님'이 사실상 경영권을 행사하고 있으
며, 동일한 사업 부지에 부동산개발사업을 한다.

나. 이런 경우 채권자가 새로운 시행사의 실질적인 경영권
을 행사하는 '회장님'에게 채무변제를 요청하면 대부분
은 '채무가 많아 사업 자금 대출을 받을 수가 없어서
부득이 사업권을 양도하였다. 기존 시행사와 새로운
시행사는 법인이 다르기 때문에 새로운 시행사는 책임
이 없다. 기존 시행사가 새로운 사업을 추진 중이다.
반드시 돈을 갚겠다. 기다려 달라.'고 변명을 한다. 억
울한 채권자는 사기죄로 고발해보지만 대부분 무혐의

로 결론이 나고 급기야는 자포자기하는 경우가 있다. 아래에서는 이처럼 억울한 채권자들이 채권을 회수할 수 있는 방안에 관하여 설명하고자 한다.

2. 법인격 남용

가. 판례 및 이론

(1) 기존 회사가 채무를 면탈할 목적으로 기업의 형태·내용이 실질적으로 동일한 신설 회사를 설립하였다면, 신설 회사의 설립은 기존 회사의 채무면탈이라는 위법한 목적 달성을 위하여 회사 제도를 남용한 것이다. 기존 회사의 채권자에 대하여 위 두 회사가 별개의 법인격을 갖고 있음을 주장하는 것은 신의성실의 원칙상 허용될 수 없다.

(2) 기존 회사의 채권자는 위 두 회사 어느 쪽에 대하여서도 채무의 이행을 청구할 수 있다. 채무를 면탈할 목적으로 신설 회사를 설립하지 않고 이미 설립되어 있는 다른 회사를 이용한 경우에도 새로 회사를 설립한 경우와 동일하게 신의칙이 적용된다.

(3) 기존 회사의 채무를 면탈할 의도로 다른 회사의 법인격이 이용되었는지 여부는 1) 기존 회사의 폐업 당시 경영상태나 자산 상황, 2) 기존 회사에서 다른 회사로 유용된 자산의 유무와 그 정도, 3) 기존 회사에서 다른 회

사로 이전된 자산이 있는 경우 그 정당한 대가가 지급되었는지 여부 등을 종합적으로 고려하여 판단하여야 한다(대법원 2011. 5. 13. 선고 2010다94472 판결).

나. 채권을 받기 위한 구체적 방법

(1) 만약 부동산개발사업자가 채권자에게 알리지 않고 사업권을 다른 법인에 양도하였다면 그 부동산개발사업자는 채권을 변제할 의사가 없는 것이다. 이와 같은 일이 발생하면 채권자는 부동산개발사업자를 찾아갈 필요가 없다. 말로 변제하겠다고 변명은 하겠지만 이미 행동으로 채무면탈을 감행하였기 때문이다.

(2) 다른 사업과 달리 부동산개발사업은 사업권을 양도한 이후에도 최소한 같은 장소에서 몇 년간은 사업을 해야 하기 때문에 당장 부동산개발사업자나 사업장이 없어지는 경우는 없다. 따라서 채권자는 사업장을 찾아가 사업장의 시행자가 누구인지를 먼저 확인해야 한다.

(3) 그리고 부동산개발사업은 사업 부지인 토지의 가치가 크기 때문에 사업 내용이 전자공시되는 경우가 많다. 금융감독원 전자공시시스템에서 새로운 시행자의 감사보고서를 살펴보면 분기별 재무상태와 거래내용, 주주에 관한 정보를 확인할 수 있다. 이와 같은 기초자료를 확보한 후 법률전문가의 자문을 받는 것이 가장 좋은 방법이다.

Ⅷ. 골프장 부지의 공매와 사업권[65] 및 입회비반환채무의 승계

1. 관련 규정

체육시설법 제27조 제1항은 체육시설업자가 사망하거나 그 영업을 양도한 때 또는 법인인 체육시설업자가 합병한 때에는 그 상속인, 영업을 양수한 자 또는 합병 후 존속하는 법인이나 합병에 따라 설립되는 법인은 그 체육시설업의 등록 또는 신고에 따른 권리·의무(제17조에 따라 회원을 모집한 경우에는 그 체육시설업자와 회원 간에 약정한 사항을 포함한다)를 승계한다고 규정하고 있다. 그리고 같은 조 제2항은 다음 각 호의 어느 하나에 해당하는 절차에 따라 문화체육관광부령으로 정하는 체육시설업의 시설 기준에 따른 필수시설[66]을 인수한 자에게는 제1항을 준용한다고 규정하면서, 제1호로 민사집행법에 따른 경매, 제2호로 채무자 회생 및 파산에 관한 법률에 의한 환가, 제3호로 국세징수법·관세법 또는 지방세징수법에 따른 압류 재산의 매각을 열거하고 그다음 항목인 제4호에서 그 밖에 제1호부터 제3호까지의 규정에 준

---

65) 골프장 부지의 공매와 관련한 사업권은 국토계획법 제56조의 개발행위허가와 동법 제88조의 실시계획인가를 받아서 하는 골프장개발사업의 사업권이 아니라 체육시설법 제12조의 승인을 받고 동법 제19조의 등록을 하는 골프장업의 사업권을 의미한다.

66) 체육시설법 시행규칙 별표4의 운동시설과 관리시설을 말한다. 필수시설은 실질적으로 골프장 부지, 시설과 조경을 의미한다.

하는 절차를 규정하고 있다.

2. 실무상 쟁점

대법원 2018. 10. 18. 선고 2016다220143 전원합의체 판결은 회원제 골프장의 골프장업자가 담보 목적으로 골프장 부지를 담보신탁 하였다가 채무를 갚지 못하여 골프장 부지가 공개경쟁입찰방식에 의한 매각(공매) 절차에 따라 처분되거나 공매절차에서 정해진 공매조건에 따라 수의계약으로 처분되는 경우에 매수자는 체육시설법 제27조와 같이 골프장업 등록·신고에 따른 권리·의무와 회원에 대한 권리·의무도 승계한다고 판결하였다. 아래에서는 위 대법원판결의 문제점을 살펴보고, 이와 같은 대법원판결이 있는 상황에서 골프장을 매수하기 위한 전략과 대출금융기관의 대출 채권 추심을 위한 방안 그리고 입법의 필요성을 설명한다.

3. 공매와 체육시설법 제27조

가. 위 대법원 전원합의체 판결의 요지

(1) 체육시설법 제27조는 사업의 인·허가와 관련하여 형성된 체육시설업자에 대한 공법상의 관리체계를 영업주체의 변동에도 불구하고 유지하게 하려는 취지와 체육시설업자와 이용관계를 맺은 다수 회원의 이익을 보호하기 위하여 일반적인 영업양도나 경매절차 등에 대한 특례를 인정한 것이다.

⑵ 담보신탁을 근거로 한 공매절차와 체육시설법 제27조 제2항 제1호부터 제3호까지 정하고 있는 민사집행법에 따른 경매절차 등은 다음과 같이 본질적으로 유사하다. ① 채권자의 채권을 변제하기 위해서 채무자의 의사와 무관하게 채무자의 재산을 처분하는 강제적이거나 비자발적인 환가절차이다. ② 법원의 감독이나 허가를 받거나 법원 또는 행정관청이 절차를 주관하는 등 당사자들의 의사만으로 절차의 진행이 좌우되는 것은 아니다. ③ 우선적으로 불특정 다수를 대상으로 한 공개경쟁입찰방식 등을 거친다. ④ 일정한 요건 아래에 임의매각이나 수의계약 방식에 의한 처분도 허용된다.

⑶ 실제로 필수시설에 관한 담보신탁은 위탁자가 자신의 소유권을 수탁자에게 이전하는 형식으로 필수시설의 취득·운영에 드는 재원을 조달하기 위한 수단으로 이용된다. 만일 담보신탁을 근거로 한 공매절차에서 회원에 대한 입회금반환채무의 승계를 부정한다면, 회원들의 입회금을 받아 체육시설의 경제적 가치가 증가하였는데도 이러한 필수시설을 취득한 자가 그 입회금반환채무를 인수하지 않는다는 불합리한 결과가 초래된다.

⑷ 체육시설법 제27조는 필수시설을 이전하는 경우 인수인 등이 회원에 대한 권리·의무를 승계함으로써 회원의 권익을 보호하려는 목적이 있고, 위 규정의 문언이

포괄적이어서 담보신탁에 따른 공매나 수의계약을 포함하는 데 문제가 없다.

(5) 결론적으로 골프장의 사업 부지를 공매에 의하여 취득할 경우도 체육시설법 제27조가 적용되고, 골프장업자의 자격 및 회원에 대한 권리·의무도 승계한다.

나. 위 전원합의체 판결의 문제점

(1) 개요

위 대법원 전원합의체 판결에 의하면 사인인 매도인과 매수인간에 계약 자유의 원칙에 따라 자산양수도계약을 체결하였음에도 매수인에게 계약의 내용에 없는 책임을 법원의 법률판단으로 부가하는 결과를 초래한다. 위 대법원판결은 이익형량에 의하여 골프장 회원의 보호가 파산절연이라는 신탁의 본질적 내용보다 우선한다고 판결하였다. 무엇보다 현재 위 대법원판결의 사례와 같은 골프장이 전국에 많이 있고, 향후 이들의 문제를 해결하기 위해서는 위 대법원판결의 문제점을 정확하게 이해할 필요가 있다.

(2) 사실관계

1) A 주식회사는 사업 부지에 골프장을 건설하여 운영하는 사업을 진행하는 과정에서 B 은행을 비롯한 금융기관들에 대한 대출금채무를 담보하기 위하여 2007.

11. 30. 수탁자인 B와 금융기관들을 우선수익자로 하여 이 사건 사업 부지에 관한 신탁계약을 체결하였다 (B는 대출은행이며, 수탁자다). 같은 날 수탁자인 B에게 이 사건 사업 부지에 관하여 신탁을 원인으로 한 소유권이전등기를 마쳤다.

2) 사업 부지에 골프장 클럽하우스 등의 건물이 신축되었고, A는 2012. 7. 12. 골프장의 건물 5동에 관하여도 담보신탁계약을 체결하고, 같은 날 B에게 신탁을 원인으로 한 소유권이전등기를 마쳤다(사업 부지와 골프장 건물 5동을 합하여 신탁부동산이라 한다).

3) A가 대출금채무의 이행을 지체하자, B는 신탁부동산에 관한 공매를 진행하였다.

4) A는 2014. 5. 22. 공매에서 1,410,000,000원에 낙찰받은 낙찰자와 신탁부동산에 관한 자산양수도계약을 체결하였으나 낙찰자가 계약을 위반하였다. A는 2014. 5. 27. D와 수의계약 방식으로 신탁부동산에 관한 자산양수도계약을 체결하고, 2014. 5. 30. D에게 신탁부동산에 관한 소유권이전등기를 마쳤다.

5) D는 2014. 6. 26. E 신탁사와 F를 우선수익자로 하여 이 사건 사업 부지에 관하여 담보신탁계약을 체결하고, 2014. 6. 27. E에게 사업 부지에 관하여 신탁을 원인으로 한 소유권이전등기를 마쳤다.

6) A는 2008. 1. 21. 김천시장으로부터 국토계획법에 따른 실시계획인가를 받고, 2013. 12. 5. 경상북도지사에게 체육시설법에 따라 골프장업의 등록을 하였다.

(3) 대법관 4인의 반대의견 요지

위 대법원 전원합의체 판결에는 13명의 대법원장과 대법관 중 4명의 대법관의 반대의견이 있고, 그 요지는 다음과 같다.

1) 체육시설법 제27조 제2항 제1호부터 제3호까지 정한 절차는 법령에 의해 매각되는 절차로서 매각조건을 당사자의 협의로 정할 수 없고, 법령에서 정하거나 법령에 근거한 법원 또는 관계기관이 정하도록 규정한 절차이다. 담보신탁을 근거로 한 공매는 법률상 일반 매매이고, 법률행위에 의한 특정승계이므로 매각조건을 법률로 정할 수 없다.

2) 채무자의 재산이 어떤 사유로 제3자에게 처분된다고 하더라도, 채무자가 부담하던 의무는 그 재산의 소유권을 취득한 제3자에게 승계되지 않는 것이 일반적인 법 원칙이다. 체육시설법 제27조가 체육시설업자의 의무를 승계하는 근거 규정을 둔 것은 이와 같은 법 원칙에 대한 예외를 정한 것이므로, 그 예외 규정의 해석이 명확하지 않은 경우에는 일반적인 법 원칙으로 돌아가야 하고 예외 규정을 확장해석해서는 아니

된다.

3) 신탁재산은 위탁자의 재산과 분리되고 그 소유자인 수탁자의 고유재산과도 독립되어, 위탁자에 대하여 회생절차나 파산절차가 개시되는 때에도 우선수익자의 지위 또는 신탁재산에 대한 담보권은 영향을 받지 않는다. 따라서 독립한 신탁재산에 대해 우선수익권을 취득한 채권자는 위탁자의 도산위험으로부터 절연된 강력한 담보를 취득할 수 있다. 그런데도 우선수익권의 가치를 평가하면서 회원들에 대하여 부담하는 입회금반환채무까지 당연히 고려하여야 한다면, 위탁자의 신용상 위험으로부터 신탁재산을 분리하고자 하는 신탁제도의 취지에 정면으로 반할 수 있다.

4) 골프장 필수시설에 대한 담보신탁을 근거로 한 매매(공매) 절차에서 매수 의사를 가진 자가 입회금반환채무의 승계를 고려하여 필수시설의 가치를 평가하게 되면 통상 그 자산 가치가 떨어지게 되고, 골프장 필수시설에 대한 매각 자체가 어려워지고, 매각이 이루어지지 아니한 채 시간만 경과하게 되면 해당 골프장을 둘러싸고 얽혀 있는 채권자들의 경제적 이해관계가 사적 영역에서는 해결할 방법이 없게 됨으로써 회생이나 파산절차를 통한 해결 외에 대안을 찾기 어렵게 될 것이다.

(4) 전원합의체 판결의 위법성

1) 계약 자유의 원칙 위반

사회 구성원은 사적인 계약의 체결과 계약의 내용에 관하여 법률이나 공권력의 개입이 없이 자유롭게 결정할 수 있고, 서로 약속한 계약은 계약 위반이 없는 한 법률이나 공권력의 개입이 없이 지켜질 것이라는 신뢰를 보호하는 것이 자본주의 바탕을 이루는 계약 자유의 원칙이다.

본 사안에 있어서 대출금융기관인 B가 A에게 대출할 때 향후 회원들로부터 받게 될 입회비의 반환책임이 신탁부동산을 취득할 사람에게 있다는 사실을 알고 있었다면 B는 A에게 대출하지 않았을 것이다. 만약 그럴 가능성이 조금만 있었다고 하더라도 대출은 불가능했을 것이다. 대출 이후에 A로부터 골프장 이용권을 취득하고 입회금을 납부한 회원들이 A의 파산으로 입회금을 반환받지 못하는 우연한 사정이 생긴 것뿐이다. 그리고 공매에서 낙찰받은 D도 공매에 참가하면서 골프장 부지를 매수할 때 입회금반환채무를 떠안게 될 것이라는 사실을 알았다면 공매에 참여하지 않았을 것이다. 공매 절차를 주관한 B는 공매로 인한 어떠한 책임으로부터도 면책이라는 내용을 공매 공고문에 기재하였고, 입찰참가자도 이에 동의하고 이의하지 않겠다는 내용의 각서를 B에게 교부하고 입찰에 참여할 수 있었을 것이다.[67] 그래서 D는 필수시설에 관한 B와의 자산양수도계약을 취소할 수도 없었을 것이다.

그리고 위 대법원판결은 공매가 경매와 본질적으로 유사한다고 한다. 그러나 담보신탁 계약에서의 공매는 위탁자, 수탁자, 우선수익자의 사적인 계약에서 정한 방법일 뿐이다. 공매의 절차도 당사자간에 언제든지 변경할 수 있다. 법에 의하여 절차가 엄격하게 정해진 경매와는 완전히 다르다. 신탁부동산의 처분도 우선수익자가 지정하는 특정인에게 매각하기로 정하면 공매 절차를 거칠 필요도 없다. 또한 위 대법원판결은 신탁법의 신탁은 법원이 감독하고, 신탁업자의 감독은 금융위원회가 하기 때문에 공매도 법원의 감독이나 허가를 받거나 법원 또는 관청이 절차를 주관하는 등 당사자들의 의사만으로 절차의 진행이 좌우되는 것은 아니라고 한다.

그러나 법원이 주관하는 경매와 달리 담보신탁에 의한 공매는 철저하게 사인이 주관한다. 법원이나 금융위원회는 수탁자의 자격요건이나 위법행위에 대해 조치를 할 수 있을 뿐이고, 공매 절차에 간여하거나 감독하는 경우는 없다. 결론적으로 위 대법원 전원합의체 판결

---

67) 예를 들어 예금보험공사의 공매 공고문, 입찰안내서, 낙찰자와 체결하는 자산양수도계약서에는 '입찰 참가자는 입찰참가 이후 법률이나 법원의 판결이 변경되는 경우에도 어떠한 이의를 제기하거나 자산양수도계약을 해제할 수 없다'라는 취지의 내용이 기재된다.

의 반대의견과 같이 사인 간의 계약조건은 법률로도 정할 수 없다. 더 나아가 판결로 사인 간의 계약조건을 정하는 것은 계약 자유의 원칙을 침해하는 것이다.

2) 신탁의 본질적 내용 침해

신탁은 위탁자의 경제적 사정으로 인하여 신탁재산이나 대출자인 우선수익자에게 영향을 주지 않는다는 본질적인 내용(파산절연 또는 도산격리)이 있기 때문에 대출의 담보력을 강화하기 위하여 광범위하게 이용이 되고 있다. 그런데 이와 같은 신탁의 본질적 내용의 예외를 인정한다면 신탁을 이용한 금융 시스템은 뿌리부터 흔들리는 위험에 직면할 수 있다. 위 대법원판결은 신탁의 본질적 내용과 회원의 손실을 보전하여야 하는 가치를 비교 형량하여 신탁의 본질적 내용을 침해하면서 회원의 손실을 보전하여야 하는 가치를 선택하였다.

제2장의 Ⅱ. 신탁 4. 신탁사의 분양대금반환의무에서 설명한 바와 같이 대법원판결 중 수분양자를 보호하려는 정책적 판단에 의하여 신탁의 본질적 내용을 침해한 경우가 있었으나, 다행스럽게도 이후 대법원판결이 일관되게 신탁의 본질적 내용을 지키는 내용을 담고 있어서 신탁은 안정적인 금융담보의 역할을 할 수 있었다. 그런데 이번 판결은 체육시설법 제27조 제2항 제4호의 해석을 통해 법원이 신탁의 본질적 내용을 침해하고 있다. 입법에 의하지 않고 법원의 판단에 의하여 예외가

인정되면 법질서에 엄청난 혼란이 야기된다. 그리고 입법의 경우는 소급입법이 금지되기 때문에 입법 이전에 있었던 거래 관계에는 영향을 줄 수가 없다. 그러나 전원합의체 판결 같은 경우는 대법원판결의 법률적, 사실적 기속력으로 인하여 비슷한 상황에 있는 사례의 경우 이번 사례와 동일한 법률적 판단이 예상된다.

(5) 위 대법원판결의 긍정적인 면

위 대원법판결은 계약자유의 원칙과 신탁의 본질적인 내용을 침해하였으나 한편 정책적인 측면에서는 두 개의 긍적적인 면이 있다. 하나는 지금까지 회원제 골프장의 설치와 관련하여, 부지 매입 등 총사업비를 회원들의 입회금으로 충당하였기 때문에 회원들을 보호하는 것은 법리와 관계없이 정당성을 갖는다는 것이다. 둘은 필수시설의 매수인에게 체육시설법 제27조를 적용하면 필수시설의 매수인은 별다른 노력 없이 등록된 골프장업을 승계할 수 있고, 골프장업이 활황이 될 때 골프장 부지의 매매가를 높이는 긍정적인 역할을 할 것이라는 것이다. 만약 위 대법원판결이 위 긍적적인 면에서 일관성을 갖기 위해서는 공매의 경우뿐만 아니라 골프장업을 경영할 목적으로 골프장의 필수시설을 취득하는 모든 경우에도 체육시설법 제27조를 적용해야 한다는 내용을 포함시켜야 한다.

4. 향후 회원제 골프장 매입을 위한 전략

가. 개요

위 전원합의체 판결 이전에 골프장 부지를 공매를 통해서 매입하려는 사람의 주 관심사는 골프장 부지를 매입한 후 골프장업을 위한 시·도지사의 승인을 받아 골프장업을 등록하는 일과 회원들의 민원을 해결하는 일이었다. 한편 행정관청은 회원들의 민원을 해결하지 않으면 골프장업의 등록을 받아주지 않는 방법으로 회원들의 민원을 사실상 해결해왔다. 그런데 위 대법원판결로 인하여 행정관청은 더는 회원들의 민원을 해결하기 위한 노력을 할 필요가 없게 되었다. 현재 골프장업자가 담보신탁의 위탁자로서 대출을 연체하고 있는 골프장은 전국에 여러 곳일 것으로 추정된다. 이와 같은 골프장을 매입하고 싶은 사람 중 입회비 반환의 부담 때문에 골프장 부지를 공매를 통해 매입할 사람은 많지 않을 것이다.[68] 그렇다면 이와 같은 골프장을 매수하기 위하여 어떤 전략을 세워야 하는지 설명한다.

나. 대출금융기관으로부터 우선수익권 등 매입

담보신탁의 우선수익자인 대출금융기관은 위탁자와 수탁자 간에 신탁부동산을 공매로 처분하도록 약정을 하였기

---

[68] 2021년 6월 현재 골프장업은 코로나로 인하여 유례없는 호황을 누리고 있다. 그러나 부실한 골프장의 골프장업자가 회원과 체결한 모든 내용을 실사도 하지 않은 상태에서 승계하는 일은 쉽지 않을 것이다.

때문에 위탁자의 동의가 없는 한 신탁부동산을 공매가 아닌 우선수익자가 지명하는 자에게 매각할 수 있는 내용으로 신탁계약을 변경할 수 없다.

이 경우 대출금융기관은 자체의 규정에 따라 우선수익권과 대출 채권 그리고 대출시 골프장업자로부터 받은 주식의 양도담보권이나 질권을 공매를 통해 매각할 수 있다. 이와 같은 공매는 권리의 매각이기 때문에 부동산공매와 다르다. 따라서 당분간 법원이 이와 같은 우선수익권 등의 매각도 체육시설법 제27조 제2항 제4호에 해당한다고 판단할 가능성은 거의 없을 것 같다.[69] 골프장을 매입하고 싶은 사람은 이와 같은 금융기관의 자산 매각에 참가해서 위탁자에 대한 채권과 우선수익권을 매수한 후, 우선수익자 변경을 하고, 위탁자의 주식으로 위탁자의 경영권을 장악한 후, 담보신탁계약의 내용을 변경하고, 별도로 설립한 SPC에 골프장 부지를 매각하는 방법을 고려할 필요가 있다.

다. 회원권의 진위 확인 및 협상

우선수익권과 채권을 매입한 후 전체 회원들에게 회원권 취득 경위와 입회금을 납입한 증거 등을 신속하게 제출하여 줄 것과 일정 기간이 경과하면 회원권부존재확인 소송을 제기할 것임을 알린 후, 진정한 회원들을 모아 향후 골

---

69) 사실 회원의 보호라는 가치를 강조한다면 필수시설의 취득을 위한 모든 경우에도 체육시설법 제27조를 적용하여야 할 것이다.

프장의 운영 방안과 회원권 승계 문제에 대하여 진지하고 성의 있는 협의를 시작하여야 한다.

실무에서는 회원권의 진위를 조사하면 정상적인 방법으로 회원이 되지 않은 경우도 많이 발견되고, 특히 만약의 경우를 대비하여 골프장업자가 직원이나 지인에게 차명으로 관리하는 회원권도 많다.

라. 카트와 식당 · 매점 영업의 정상화

골프장업은 골프장 이용료를 받는 영업 외에 식당 및 매점 영업과 카트 대여 영업으로 구분할 수 있다. 부실이 예상되는 골프장업자는 사전에 식당 및 매점 영업과 카트 대여 영업을 지인이나 제3자에게 이전하고, 심지어는 골프장 이용료를 수납하는 업무도 용역을 주어 채권자의 채권 회수를 원천적으로 봉쇄하는 경우도 있다.

이 같은 경우는 채권자취소권, 채권자대위권 그리고 불법행위로 인한 손해배상청구 및 부당이득청구 또는 골프장업자의 경영권을 확보한 후 금융 자료의 검토로 해결할 수 있다.

마. 사업계획서의 작성

회원과의 협의를 위한 노력과 결과 및 분쟁의 해결 방안을 제시하는 내용이 포함된 체육시설법 제12조에 의한 골프장업을 하기 위한 사업계획서를 작성하여 제출할 경우 시 · 도지사의 승인을 받을 수 있을 것이다.

5. 향후 금융기관의 대출채권회수를 위한 방안

가. 개요

대출금융기관도 위 대법원 전원합의체 판결로 인하여 담보인 신탁부동산을 그대로 공매절차로 매각하기는 쉽지 않게 되었다. 따라서 대출금융기관도 단순히 채권의 회수라는 전통적인 업무에 집착하지 말고, 골프장업의 가치를 증대시켜서 채권과 우선수익권 및 채무자의 주식을 매각하는 방안에 대하여 검토하여야 할 것이다.

나. 골프장업의 정상화를 위한 시도

부동산개발사업의 자산을 매각하다 보면 일반적으로 금융기관은 매각 대상 자산의 가치보다는 채무자나 자금보충인의 신용에 의하여 대출을 진행하는 경우가 많다는 사실을 알 수 있다. 따라서 금융기관에게는 골프장업의 정상화를 위한 시도나 정상화 방안을 모색하는 것은 생소한 일일 수가 있을 것이다.

골프장 부지를 공매로 매각하는 일이 어렵게 되었다면 골프장업을 정상화할 방안을 만들어서 채권과 우선수익권 및 주식을 골프장의 잠재적 매수인에게 매각하는 것이 높은 수익을 창출할 수 있다.

간단히 예를 들자면 위탁자에 대한 채권에 의하여 채권자대위권을 행사하여 위탁자가 체결한 부당한 계약을 해제할

수 있는 점, 그리고 위탁자의 경영권을 확보하면 신탁계약
을 변경하여 공매 방식이 아닌 방식으로 제3자에게 신탁부
동산을 매각할 수 있는 점, 그리고 우선수익권을 담보로
금융을 일으킬 수도 있고, 지분 이전 방식으로 회원제 골
프장을 대중제 골프장으로 전환할 수도 있는 점 등에 대한
설명서를 만들어서 잠재적 매수인들에게 설명하면 의외로
좋은 결과가 나올 수 있다. 만약에 여력이 된다면 실제로
대출금융기관이 위탁자의 경영권을 확보한 후 회원권의 진
위를 파악하고, 골프장 이용료 수납 상황과 카트 대여 영
업과 음식점과 매점의 영업을 정상화해서 골프장을 매각한
다면 높은 이익을 얻을 수 있을 것이다. 이와 같은 금융기
관의 새로운 시도는 골프장업뿐만이 아니라 대출금의 회수
가 어려운 모든 부동산개발사업에 대하여도 효과가 있을
것이다.

6. 입법에 의한 해결

가. 입법의 필요성

원칙적으로 계약자유의 원칙이 철저하게 보장되는 사인 간
의 계약의 조건이나 효력을 법에 의하여 제한하거나 규율
하는 것은 공익을 위하여 극히 예외적으로 필요한 경우에
만 가능하다. 따라서 사인 간의 단순한 매매인 공매에 대
하여 예외적이고 특별한 체육시설법 제27조를 적용하는 것
은 적절하지 않다고 생각한다. 그러나 이미 대법원 전원합

의체 판결이 공매의 경우도 체육시설법 제27조가 적용된다고 하였으므로 사실상 법과 같은 효력을 갖게 되었다. 법률효과의 예측 가능성과 법적 안정성을 보호하기 위하여 입법이 필요하다.

나. 구체적인 입법 내용

우리 사회의 현재 사정은 체육시설법 제27조가 만들어진 1994년의 사정과는 아주 다르다. 골프 회원권이 이용권에 불과하다는 사실은 이제 대부분 국민이 안다.[70] 따라서 회원권에 대한 인식이 부족했거나 사회적으로 영향력이 있는 일부의 사람들만이 회원권을 향유하던 시대에 만들어진 체육시설법 제27조는 폐지하는 것이 옳다고 생각한다. 만약 체육시설법 제27조 제1, 2항을 존치할 경우는 제27조 제2항 4호는 해석의 여지를 없애기 위하여 삭제하는 것이 바람직할 것이다.

---

[70] 한편 헌법재판소 2020. 3. 26. 2016헌가17, 2017헌가20, 2018헌바392(병합) 결정 지방세법 제111조 제1항 다목 2) 등 위헌제청 등 사건에서 헌법재판소는 '회원제 골프장의 회원권 가격 및 비회원의 그린피 등을 고려할 때 골프장 이용 행위가 사치성이 없다고 단정할 수 없고, 골프가 아직은 많은 국민들이 경제적으로 부담 없이 이용하기에는 버거운 고급 스포츠인 점은 부인할 수 없다'라고 판결하였다. 그러나 이 헌법재판소의 판단은 골프장업에 관한 판단이고 골프 회원권에 관한 판단은 아니다.

IX. 부동산개발사업 사업권의 양도와 사해행위취소 (사업권의 가치)

1. 채권자취소권

가. 사해행위취소란 민법 제406조에 의하여 채권자가 채무자의 사해행위(채권자를 해하는 채무자의 법률행위)를 소송으로 취소하는 것을 말한다. 그리고 이와 같이 채권자가 채무자의 사해행위를 취소할 수 있는 권리를 채권자취소권이라 한다. 여기서 채권자를 해하는 채무자의 법률행위란 채무자가 채무자의 재산을 처분하거나 부채를 부담하여 채무자의 적극재산을 채무의 총액보다 적게 만들거나, 채무자의 채무초과 상태를 더욱 심화시키는 법률행위를 말한다. 채무자의 재산 처분행위나 부채를 부담하는 행위의 상대방을 수익자라고 하고 수익자로부터 재산을 이전받은 당사자를 전득자라고 한다.

나. 채권자는 수익자와 전득자를 상대로 재산 처분행위나 부채 부담행위의 취소와 원상회복을 청구하고, 만약 원상회복이 불가능할 경우는 처분한 재산에 상응하는 가액의 반환을 청구한다.

2. 문제의 제기

가. 부동산개발사업자의 부동산개발사업의 사업권 양도행

위는 부동산개발사업자의 채권자 입장에서는 채권을 집행할 수 있는 책임재산의 감소를 의미한다. 따라서 부동산개발사업자의 채권자는 채권자취소권에 의하여 부동산개발사업의 사업권 양도행위를 취소하고 원상회복시키거나, 원상회복이 불가능할 경우에는 부동산개발사업 사업권의 가치에 상응하는 가액의 반환을 받아야 할 것이다.

나. 그런데 법원의 판결 중에는 부동산개발사업 사업권의 정의와 가치에 대한 이해가 부족해서 강제집행면탈에 이를 정도의 사업권 양도에 대하여 사업권의 가치를 산정할 수 없다는 이유로 채권자의 사해행위취소 청구를 인정하지 않은 경우가 있다.

다. 사업권의 가치는 사업권의 내용을 이루는 토지 매수인의 지위의 가치와 개발행위허가를 받은 자의 지위의 가치 및 분양자로서의 가치를 단순히 합한 금액으로 산정해서는 안 된다. 그리고 부동산개발사업 사업권의 내용인 토지 매수인의 지위 및 개발행위허가를 받은 자의 지위 그리고 분양자의 지위는 건축물의 공급을 위하여 중요한 것이지만 각각의 가치를 산정하는 것은 쉽지 않다.[71]

---

71) 과실수확 직전의 과실수의 줄기와 뿌리는 과실수의 중요한 부분이지만 줄기와 뿌리만의 가치는 별도로 산정할 수 없거나 산정을 한다고 하더라도 미미할 것

라. 부동산개발사업 사업권의 가치는 사업권의 양도 당시 개발행위허가 절차의 진행 정도, 토지 매수의 진행 정도를 판단하고, 양도 당시에 예상되는 사업 이익과 양도 당시까지 투입한 정상적인 사업 비용 및 향후 소요될 추가 비용과 거래계의 부동산개발사업에 대한 수요 및 사업의 장애 등을 참작하여 산정하여야 한다. 아래에서는 사업권의 가치와 관련한 실제 판결이 부동산개발사업의 사업권에 대한 이해 부족으로 인하여 부당한 결과를 초래한 점에 대하여 자세하게 설명하고자 한다.

3. 부동산개발사업 사업권의 가치

가. 실제 사례[72]

(1) 저축은행 A, B, C, D 외 1개 저축은행은 2010년 6월 30일 부동산개발사업자인 F에 대하여 변제기를 2012년 6월 30일로 정하고 176억 원[73]을 대출하면서 F로부터 채무불이행 시 부동산개발사업의 사업권, 인·허가의 권리, 분양권 및 분양대금 채권 등 부동산개발사업자로

이다. 만약 줄기와 뿌리의 가치를 단순히 물질의 가치로 산정하였다 하더라도 이러한 가치를 합한 것이 과실수의 가치가 될 수 없는 것과 같은 이치다.

72) 수원지법 2014가합73964 판결(1심), 서울고법 2016나2080541 판결(2심), 대법원 2018다207496 판결(3심)을 대법원홈페이지 판결서사본제공신청을 하여 입수한 후 사해행위에 대한 판단 부분만을 발췌하여 재구성하였다.

73) 항소심에서 정리된 금액이다.

서의 일체의 권리와 사업 부지, 건축물에 대한 소유권 및 신탁 관련 권리와 건축허가권 등 일체를 포기하고 저축은행에게 이전하기로 하였다.

(2) F는 2014년 2월 20일 수원시장에게 수원시 영통구 M 일원의 주택건설사업계획승인 신청을 하고, 또 다른 부동산개발사업자 J는 다음날인 2014년 2월 21일 수원시장에게 F의 사업지와 동일한 사업 부지에 주택건설사업계획승인 신청을 하였다.

(3) F는 2014년 4월 30일 수원시장에게 'F는 이 사건 사업과 관련한 모든 권리를 J에게 양도하였고 그에 따른 일체의 이의제기를 하지 않을 것을 확약합니다.'라는 내용의 양도확약서를 제출하고 주택건설사업계획승인 신청을 포기하였고, 수원시장은 2014년 5월 13일 J에게 주택건설사업계획을 승인하였다.

(4) J는 이 사건 사업을 위한 특수목적법인 K를 설립하고 2014년 7월 30일 이 사건 사업에 관한 일체의 권리와 의무를 K에게 양도하는 내용의 부동산개발사업 사업권 양수도계약을 K와 체결하였다. F는 사업권 양도 전까지 사업 부지 98필지의 소유자와 매매계약을 체결하고 계약금과 중도금으로 206억 원을 지급하였다. K는 토지주들과 새로운 매매계약을 체결하면서 F가 지급한 매매대금 전액을 매매대금으로 지급된 것으로 보고 토

지주에게 나머지 대금만 지급하였다.

(5) F는 사업권 양도 전까지 사업 개발 컨설팅 계약, 건축물 설계 계약, 지구단위계획 용역계약, 상품화 용역계약, 사업 타당성 검토 용역계약, 부동산 컨설팅 업무계약, 토지 매입 용역계약의 용역비로 70억 원을 지출하였다.

(6) 저축은행 A, B, C, D는 파산하여 예금보험공사가 파산관재인으로서 2014년 12월 31일 F와 J 사이에 주택건설사업과 관련하여 체결된 부동산개발사업 사업권 양도계약의 취소를 구하는 채권자취소 소송을 제기하고 K에 대하여는 가액반환을 청구하였다.

나. 1심 판결

(1) 1심인 수원지방법원은 2014년 4월 30일 자 양도확약서에 기재된 이 사건 사업의 모든 권리 양도(관련 인·허가 포함)만으로는 J에게 양도한 권리의 내용이 구체적으로 무엇인지를 확정하기는 어렵지만, F는 채무초과 상태에서 J에게 적어도 이 사건 사업 부지 매수인의 지위 및 그에 따른 소유권이전등기청구권을 무상으로 양도한 것으로 봄이 타당하다. 이는 재산권을 처분하여 F의 책임재산을 감소시키는 재산상의 법률행위이므로 이 사건 양도계약은 F의 일반 채권자들의 이익을 해하는 사해행위로서 채권자취소권의 대상이 된다. F가 양도한 매수인의 지위 및 소유권이전등기청구권의 가치는 206억

원이고, 원상회복이 불가능하므로 전득자인 K는 206억
원을 가액 배상하라고 판결하였다.

(2) 그리고 1심 법원은 사업권의 일부인 주택건설사업계획
의 승인을 신청한 자의 지위는 민사집행법상 강제집행
의 대상이 되는 권리인 부동산, 동산, 채권, 유가증권,
그 밖에 재산권 어디에도 해당하지 않고, 또한 행정관
청의 허가 없이 자유로이 양도할 수 있는 것도 아니어
서, 이를 양도하기로 한 부분은 재산상의 법률행위에
해당한다고 보기 어려울 뿐만 아니라 이 부분이 가지는
재산적 가치에 관하여 원고들의 주장 입증이 없다고 추
가적인 설명을 하였다.

다. 2심 판결

2심 법원인 서울고등법원은 F가 J에게 사업권을 양도한 행
위가 사해행위가 아니라고 판단하고, K에 대한 가액배상
청구를 기각하면서 원심판결을 취소하였다. 2심 법원은 다
음과 같은 청구 기각 이유[74]를 설명하였다.

---

[74] 2심이 설명하고 있는 여러 이유를 살펴보면 법원이 부동산개발사업과 부동
산개발사업의 사업권에 대하여 잘못 알고 있는 사실을 확인할 수 있다. 판
결의 잘못된 부분을 설명하기 위해 판결에서 이유를 열거하고 있는 순서와
관계없이 쟁점별로 판결의 이유를 재구성하여 자세히 설명하였다.

(1) 이 사건 사업권이 민사집행법 제251조[75]의 그 밖의 재
산권인지에 관하여

사업권의 양도행위가 사해행위로서 채권자취소권의 대상
이 되기 위해서는 사업권이 독립한 재산적 가치를 가지
고 있어 민사집행법 제251조 소정의 그 밖의 재산권에
대한 집행방법에 의하여 강제집행할 수 있어야 한다.[76]
그런데 이 사건 사업권 자체에 관한 강제집행과 보전처
분의 방법이 존재한다고 볼 근거가 부족하다.

(2) F가 양도확약서를 수원시장에게 제출한 행위에 대하여

양도확약서를 제출할 당시 F는 주택건설사업계획승인을
받은 상태가 아니라 신청만을 한 상태였고, 양도확약서
는 수원시장이 J에게 주택건설사업계획승인을 하여 J가
이 사건 사업을 하는 것에 관하여 이의를 제기하지 아니
하겠다는 것에 불과하다. 이와 같은 소극적 의사표시가
바로 F의 책임재산 감소를 초래하였고, 그 감소 금액이
특정될 수 있다고 볼 근거가 부족하다. F가 양도확약서

---

75) 민사집행법 제251조(그 밖의 재산권에 대한 집행) ① 앞의 여러 조문에 규
정된 재산권 외에 부동산을 목적으로 하지 아니한 재산권에 대한 강제집행
은 이 관의 규정 및 제98조 내지 제101조의 규정을 준용한다. ② 제3채무자
가 없는 경우에 압류는 채무자에게 권리처분을 금지하는 명령을 송달한 때
에 효력이 생긴다.

76) 2심은 구 수산업법상 양도가 금지된 '어업허가'의 양도와 관련한 대법원
2010. 4. 29. 선고 2009다105734 판결을 인용하고 있다.

를 수원시장에게 제출하지 않았더라도 제3자가 이 사건 사업과 동일하거나 유사한 내용의 사업을 추진하고, 토지를 매수하고, 행정관청에 인·허가를 신청할 수 있다.

(3) F의 토지 매수인의 지위에 관하여

F가 토지 대금으로 206억 원을 지급한 사실은 맞지만, F가 양도확약서를 제출하지 않았더라도 F가 잔금을 지급할 수 있었다고 인정할 수 없다. 양도확약서 제출 당시 잔금지급기일이 경과한 경우가 많았고, 매도인 중 해제 의사표시를 한 사실도 있어서 매매계약의 효력이 유지되고 있었다고 단정하기도 어렵다.

K가 F가 지급한 토지 대금 206억 원을 매매계약 대금에서 공제받은 것은 K가 새로운 계약을 체결하였기 때문이고 F의 토지 매수인 지위를 승계하였기 때문이 아니다.

(4) 용역비용 70억 원 지출에 관하여

F가 용역비를 지출하고 용역을 수행하였다 하더라도 그 결과물 또는 재산적 가치가 강제집행이 가능하다고 볼 근거가 부족하다.

(5) 채권자가 F의 개별 재산에 대하여 집행을 하지 않은 점에 관하여

채권자가 변제기인 2012년 6월 30일 이후 사업권 양도확약이 있었던 2014년 4월 30일까지 사업권의 내용을 이루

고 있다고 인정할 만한 F의 개별적인 책임재산에 관하여 보전처분을 하지 않았다는 사실에 비추어 양도확약서 제출 당시 이 사건 사업권이 재산적 가치가 있다고 인정할 수 없다.

(6) 사업권 가치에 대한 회계법인의 감정 결과에 관하여

사업권의 가치를 527억 원이라고 평가한 회계법인의 감정 결과는 회계법인이 직접 미래의 현금흐름을 추정하지 아니하고 채권자가 제공한 자료를 토대로 채권자와 사전 협의에 의해 정해진 검토기준에 따라 검토한 결과이기 때문에 회계법인의 감정 결과를 인정할 수 없다.

(7) 사업권의 가치 산정에 관하여

양도확약서 제출 당시 이 사건 사업이 이익이 생길 것이라고 인정할 증거가 부족하기 때문에 F가 이 사건 사업권 양도확약 전에 사업 수행을 위하여 지출하였던 비용 상당액을 곧바로 이 사건 사업권의 가치로 인정할 수는 없다. 사업권의 재산적 가치는 시간의 흐름과 그에 따른 다양한 경제 여건의 변화에 따라 변동된다. 항소심 변론 종결일을 기준으로 이 사건 사업에서 비용을 상회하는 이익이 발생하였다고 하더라도 사업권 양도확약 당시 사업권의 재산적 가치가 있다고 인정할 수 없다.

라. 3심 판결

3심인 대법원은 구체적인 이유를 설명하지 않고 이 사건 사업권 양도에 따른 사해행위가 인정되지 않는다고 본 2심의 결론은 정당하다고 판결하였다.

4. 위 판결의 문제점

가. 총설

(1) 1심 판결은 F가 지급한 토지 대금 상당액을 F의 사업권 가치로 판단하고 동액 상당의 사해행위를 인정하였으나 구체적인 논거를 제시하지 못하였다.

(2) 2심 판결은 아래에서 자세히 살펴보는 바와 같이 부동산개발사업 사업권의 가치와 부동산개발사업에 관한 잘못된 이유를 근거로 1심에서 인정한 사해행위를 취소하였다. 3심은 관련 쟁점에 대하여 아무런 판단도 하지 않고 2심 판결이 정당하다고 하였다.

(3) 이 사업권 양도에 관한 실재 사례에 대한 2심 판결의 이유를 자세히 검토함으로써 법원이 부동산개발사업 사업권의 정의와 가치에 대하여 잘못 알고 있는 점을 쟁점 별로 상세하게 설명하고자 한다.

나. 사업권의 양도성과 강제집행 방법

(1) 부동산개발사업의 진행 과정에서 사업권양수도계약은 실제로 빈번하게 체결되고 있고, 부동산개발사업 사업권의 양도를 금지하는 실정법상의 제한은 없다. 이러한 상황에서 2심은 양도가 금지되었던 구 수산업법상의 어업허가 양도와 관련하여, 양도 금지된 어업허가는 민사집행법 제251조 소정의 그 밖의 재산권으로 보호할 수 없으므로 어업허가의 양도는 사해행위가 될 수 없다는 내용의 판결을 인용하면서 이 사건 부동산개발사업의 사업권도 민사집행법 제251조의 그 밖의 재산권이 아니라고 판단을 하였다. 양도가 금지된 권리의 양도에 대한 판결을 양도가 가능한 사업권의 양도에 관한 사례에 인용한 것은 잘못이다.

(2) 부동산개발사업의 사업권은 양도가 금지된 것이 아니다. 사업권의 내용 중 개발행위허가를 받은 자의 지위의 양도(사업권자 변경)는 행정관청의 승인이 필요하지만, 행정관청이 사업권자명의변경승인을 하려면 사업권양도인이 양수인에게 개발행위허가를 받은 자의 지위를 양도하는 행위가 선행되어야 한다.

(3) 민사집행법 제251조는 그 밖의 재산권이라는 표제에 민사집행법에서 규정하지 않은 재산권이라고 규정하여 향후 양도가 가능한 다양한 형태의 재산권 발생을 예상

하고 입법을 한 것이다. 그리고 앞서 Ⅵ. 2.에서 설명한 바와 같이 부동산개발사업의 사업권 양도는 영업의 중요한 일부의 양도에 해당한다. 그리고 영업은 하나의 재화와 같이 거래의 객체가 되고 여러 개의 부동산, 유체동산, 그 밖의 재산권에 대하여 일괄하여 강제집행을 할 수 있다(민사집행법 제98조[77] 제1항, 제2항, 제197조[78] 제1항, 제251조 제1항). 채무자가 영업재산과 영업권이 유기적으로 결합된 일체로서의 영업을 양도함으로써 채무초과 상태에 이르거나 이미 채무초과 상태에 있는 것을 심화시킨 경우, 영업양도는 채권자취소권 행사의 대상이 된다(대법원 2015. 12. 10. 선고 2013다84162 판결). 이와 같은 판례 이론에 비추어도 부동산개발사업의 중요한 일부인 부동산개발사업의 사업권은 당연히

---

[77] 민사집행법 제98조(일괄매각결정) ① 법원은 여러 개의 부동산의 위치·형태·이용관계 등을 고려하여 이를 일괄매수하게 하는 것이 알맞다고 인정하는 경우에는 직권으로 또는 이해관계인의 신청에 따라 일괄매각하도록 결정할 수 있다. ② 법원은 부동산을 매각할 경우에 그 위치·형태·이용관계 등을 고려하여 다른 종류의 재산(금전채권을 제외한다)을 그 부동산과 함께 일괄매수하게 하는 것이 알맞다고 인정하는 때에는 직권으로 또는 이해관계인의 신청에 따라 일괄매각하도록 결정할 수 있다. ③ 제1항 및 제2항의 결정은 그 목적물에 대한 매각기일 이전까지 할 수 있다.

[78] 민사집행법 제197조(일괄매각) ① 집행관은 여러 개의 유체동산의 형태, 이용관계 등을 고려하여 일괄매수하게 하는 것이 알맞다고 인정하는 때에는 직권으로 또는 이해관계인의 신청에 따라 일괄하여 매각할 수 있다. ② 제1항의 경우에는 제98조 제3항, 제99조, 제100조, 제101조 제2항 내지 제5항의 규정을 준용한다.

거래의 객체가 된다.

(4) 실무적으로도 부동산개발사업 사업권에 대한 강제집행
은 사업권양도금지가처분을 신청하고 권리처분을 금지
하는 명령을 사업권자에게 송달하는 방법으로 가능하
다(민사집행법 제251조 제2항). 따라서 2심 법원이 부동
산개발사업 사업권의 가치를 산정할 수 없다는 이유로
부동산개발사업의 사업권이 민사집행법 제251조 소정
의 그 밖의 재산권이 아니라고 판단한 것은 명백하게
잘못된 것이다.

다. 행정관청에 대한 사업 양도확약서 제출의 의미

(1) 주택법 제21조에 의하면 주택건설사업계획승인을 받기
위해서는 최소한 사업 대상토지의 80% 이상의 소유권
이나 사용권을 확보하여야 한다. 그런데 F는 사업 부지
전체에 대하여 매매계약을 체결하고 계약금과 중도금
으로 206억 원을 지급하였으며, 그중 중도금으로 지급
한 금액도 20억 원이었다. 만약 F가 사업 부지 매수인
의 지위를 포기하지 않았다면 J는 사업 부지의 소유권
이나 사용권을 확보하지 못하기 때문에 주택건설사업
계획승인을 받을 수 없었을 것이다.

(2) 일반적으로 행정관청은 분쟁을 사전에 방지하기 위하여
이해관계자에게 '이의하지 않는다'는 문구가 들어간 문
서를 요구한다. 그래서 이 사건 양도확약서에도 '이의

하지 않는다'는 문구가 있을 뿐이지 그 의미가 소극적인 것은 아니다. 오히려 F가 수원시장에게 제출한 양도확약서는 적극적으로 J에게 주택건설사업계획승인을 해달라는 문서로서의 의미가 있다.

(3) 실무적으로 수원시장은 사업 부지 전체의 매수인이 적극적으로 반대를 하는 상황에서 사업 부지의 소유권이나 사용권을 확보하지 못한 사업자에게 주택건설사업계획승인을 할 수는 없었을 것이다. 결국 사업 부지 전체에 대하여 매매계약을 체결한 F가 양도확약서를 제출하지 않고 사업을 포기하지 않았다면 J뿐 아니라 누구라도 주택건설사업계획승인을 받을 수 없었을 것이다.

라. 사업 부지 매수인의 지위가 갖는 의미

(1) 부동산개발사업은 토지를 사서 개발행위허가를 받아 건축물을 건축하거나 체육시설을 설치하고, 제3자에게 공급하는 것이다. 토지를 먼저 사는 사람만이 개발행위허가를 받을 수 있다. 그리고 개발행위허가를 받은 사람만이 건축이나 설치할 수 있고 분양할 수 있다. 다시 말하자면 토지를 먼저 산 사람만이 부동산개발사업을 할 수 있다. 부동산개발사업의 실무에서 부동산개발사업자들이 가장 어렵다고 말하는 것이 '토지 작업' 즉, 토지주들과 토지매매계약을 체결하는 것이다.

(2) 그런데 이 사건 2심 법원은 토지주 중 일부가 잔금지급 기일 경과로 해제의 의사표시를 하였다는 이유로 F가 체결한 매매계약의 효력이 유지되었다고 볼 수 없다고 하고 더 나아가 F가 잔금을 지급할 수 있었다는 증거가 없다고 판단을 했다. 더군다나 F는 20억 원의 중도금까지 지급하였다. 중도금을 받은 사람이 계약의 해제 없이 제3자와 계약을 체결하면 이중매매가 되어 배임죄로 처벌을 받을 수 있다. 그리고 해제를 하면 매수인이 계약을 위반하였다 하더라도 중도금의 경우는 받은 날로부터 연 5%의 이자를 포함하여 부당이득금으로 반환하여야 한다. 잔금 지급만을 기다려온 매도인들이 받은 돈을 돌려주면서까지 쉽게 계약을 해제하는 경우는 매우 드물다.

(3) 그리고 J는 토지주들에게 토지 대금을 지급하면서 F가 토지 대금으로 지급한 206억 원을 공제하고 토지 대금을 지급하였다. 이는 F와 토지주와 J(K는 J의 페이퍼 컴퍼니다) 3자 간에 합의가 이루어지지 않고는 있을 수 없는 일이다. 그런데 2심 법원은 K가 토지 대금을 지급하면서 F가 토지주들에게 지급한 206억 원이나 되는 금액을 그대로 토지 대금으로 인정받은 이유가 K가 새롭게 계약을 했기 때문이고 계약을 승계하였기 때문이 아니라고 판단을 했다. 그러나 이 판단은 상식에서 벗어난 판단이다.

마. 사업비 지출의 의미

(1) 부동산개발사업은 십자수를 완성하는 것과 같이 분양이 완료되는 순간까지 계속해서 집중하고 긴장해야 하는 일이다. 법원은 F가 부동산개발사업을 위하여 토지 대금으로 206억 원을 지출한 것 외에도 각종 용역비로 약 70억 원을 지출한 사실을 인정했다. 부동산개발사업에 있어서 토지에 대한 잔금 지급 기한은 주택건설사업계획승인 이후로 정하는 것이 일반적이다. 주택건설사업계획승인이 나면 금융기관들로부터 토지 대금 및 건축비 등 사업비 전체에 대한 대출이 가능하기 때문이다.

(2) 이와 같은 이유로 부동산개발사업자는 주택건설사업계획승인을 받기 위하여 토지 작업 외에도 설계사무소를 중심으로 건축심의, 토목심의, 환경영향평가, 교통영향평가 등을 준비하기 위하여 건축 설계비 등 각종 용역비를 쏟아붓는다. 그런데 2심 법원은 이와 같은 F의 사업비 지출은 결과물에 대하여 강제집행이 가능하지 않기 때문에 가치를 인정할 수 없다고 판단하였다.

(3) 과실 수확을 위해 수년간 과실수를 관리하고 키운 사람에게 과실 수확 직전에 과실수 관리를 위한 모든 투자와 노력은 과실 수확이 없으므로 아무런 가치가 없다고 말하는 것과 거의 비슷한 판단이다. F의 사업비 지출은 사업의 가치를 높이기 위하여 투자한 것이다. 따라서

사업비의 지출 비용은 결과물에 대한 강제집행의 가능
성과는 관계없이 부동산개발사업 사업권의 가치를 산
정하는 데 반영이 되어야 한다.

바. 개별 재산에 대한 집행의 의미

(1) 2심 법원은 채권자인 예금보험공사가 사업권의 양수를
위한 시도를 하지 않았고, 사업권의 내용이 되는 개별
재산에 대해 집행을 하지 않았기 때문에 사업권의 가치
를 인정할 수 없다고 하였다. 아마도 이 판결로 인하여
개별 재산에 대하여 집행을 하지 않은 예금보험공사의
담당자는 어떤 형태든 문책[79]을 받았을 것으로 추측이
된다. 채권자인 예금보험공사는 채권자대위권에 기하여
채무자인 F를 대위하여 중도금이 지급된 부동산매매계
약을 해제하고 계약금 및 중도금반환 소송을 제기할 수
있었을 것이다. 그런데 이 같은 행위는 단적으로 부동

---

79) 저자는 예금보험공사를 위하여 골프장 실시계획인가가 취소된 강원도 소재
500여 필지의 매각을 자문할 당시 예금보험공사의 담당자로부터 이 토지를
태양광부지나 배추밭으로 일부라도 팔아야 할 때가 되었다고 하는 말을 듣
고, 즉시 분리 매각의 중단을 요청하고, 전체 필지가 골프장 부지가 될 수
있도록 권리관계를 정리하여 보고서를 제출한 사실이 있다.
지금 이 토지들은 일괄해서 골프장 사업자에게 매각이 되었다. 저자는 예금
보험공사 담당자의 푸념을 들을 당시 채권자가 대출할 때는 부동산개발사
업을 담보로 대출을 하였는데 회수를 할 때는 부동산개발사업을 파괴해야
하는 아이러니에 대하여 이해가 되지 않았다. 이 판결을 보면서 왜 예금보
험공사 담당자가 골프장 부지로 팔아야만 하는 토지를 배추밭으로라도 매
각을 하려고 했는지 이해가 된다. 이와 같은 법원의 잘못된 판단이 공적자
금회수업무를 왜곡시키고 국가 자산의 가치를 떨어뜨릴 수도 있다.

산개발사업자가 몇 년 동안 수백억 원을 들여 추진한 부동산개발사업을 푼돈을 회수하기 위하여 파괴하는 것과 다름이 없다. 예금보험공사가 개별 재산에 대해 집행을 하지 않고 전체 대출금 일부를 탕감해 주면서까지 F로 하여금 이 사건 사업을 진행하게 하려고 한 것은 매우 합리적인 결정이라고 판단한다.

(2) 만약 예금보험공사가 F의 개별 재산을 집행하였다면 소액의 채권회수를 위하여 부동산개발사업을 파괴하고, 지역 사회의 발전을 저해한 사회적 책임을 면하기 어려웠을 것이다. 따라서 예금보험공사가 F의 개별 재산에 대해 집행을 하지 않은 것은 사업권의 가치를 높이는 행위가 될 수는 있어도 이 사건 사업권의 가치를 산정할 수 없는 근거가 될 수는 없다.

사. 부동산개발사업 사업권의 가치 산정방법

실제로 부동산개발사업자들은 자체적으로 부동산개발사업 사업권의 가치를 판단하여 부동산개발사업의 사업권을 팔고 사고 있다. 따라서 법원도 부동산개발사업 사업권의 가치를 합리적인 기준에 의하여 산정할 수 있을 것이다. 법원이 중립적이고 객관성을 유지하고자 한다면 부동산개발사업 전문가와 회계법인의 감정에 의한 부동산개발사업 사업권 가치의 산정이 필요하다. 사업권의 가치 판단의 기준은 사업권 양도 시까지 정상적으로 지출된 비용, 향후 진행할 절차와 투자될 비용, 향후 예상되는 사업 이익, 법률 상·사실상의 매각 장애 사유, 거래 사례 등을 종합적으로 평가한 감정에 의하여 산정하는 것이 합리적이다.

5. 부동산개발사업 사업권에 대한 고정관념

가. 부동산개발사업은 절차와 행위의 측면에서는 토지의 사용권 및 소유권을 취득하여, 그 토지에 대하여 개발 행위허가를 받고, 그 토지 위에 건축물을 건축하거나 체육시설을 설치하고, 그 건축물이나 체육시설을 타인 에게 공급하는 영리를 목적으로 하는 사업을 말한다 (제1장 Ⅰ. 1.). 그리고 가치와 권리의 측면에서는 부동 산개발사업은 건축물이나 체육시설의 공급을 통한 영 리를 목적으로 조직되고, 토지 매수인의 지위, 개발행 위허가를 받은 자의 지위, 신탁계약 및 도급계약 건축 물 공급계약 당사자의 지위, 분양자의 지위가 유기적 일체로서 기능하는 사업이라고 정의할 수 있다(제1장 Ⅰ. 2.). 앞서 제3장 Ⅵ. 2.에서 살펴본 바와 같이 부동 산개발사업의 사업권은 부동산개발사업의 중요한 일 부다.

나. 그리고 사업권의 내용인 토지 매수인의 지위 및 개발 행위를 할 권리와 개발사업을 위한 각종 용역의 가치 는 건축물이나 체육시설의 공급이라는 부동산개발사업 의 최종 목적을 염두에 두고 판단하여야 한다. 사업권

의 가치 산정을 위해서는 단일 물건이나 권리의 가치
를 산정하는 방법과는 달라야 할 것이며, 단순한 구성
품 가치의 합이 완성품의 가치라는 고정관념에서 벗어
나야 한다.

다. 이 사건 1심 법원은 F의 토지 매수인 지위의 가치를 F
가 지급한 토지 대금 상당액으로 인정하면서도 사업권
의 일부인 주택건설사업계획의 승인을 신청한 자의 지
위는 재산적 가치가 없다는 취지로 판결을 하였다. 이
와 같은 1심 판결의 불필요한 설명이 2심 판결에 원인
이 되었을 것이다.

라. 따라서 고정관념에서 벗어난 1심 판결의 내용은 다음
과 같아야 했다. '206억 원을 토지대금으로 지급한 토
지 매수인의 지위와 주택건설사업계획의 승인을 신청
하기 위하여 70억 원을 투자하여 각종 용역 결과를 수
원시장에게 제출한 사실에 비추어 보면, F가 J에게 양
도한 이 사건 부동산개발사업의 사업권의 가치는 최소
한 206억 원 정도는 된다고 판단된다.' 만약 1심이 이
와 같은 취지로 판결을 하였다면 2심도 좀 더 합리적
인 판결을 하지 않았을까 생각한다.

X. 사업권 탈취와 입찰방해(법 위반과 도덕적 해이)

1. 문제의 제기

가. 경제 상황이 악화될 경우 부동산개발사업에 투자를 많이 한 건설사들은 유동성 위기를 심각하게 겪는다. 건설사는 특히 보증인 및 자금보충의무자로서 PF대출의 최종 책임을 부담하기 때문에 부도를 막기 위해 PF대출 연장에 사활을 건다. 호황기에 여러 사업장의 보증 책임과 자금보충의무를 부담한 건설사가 개별 사업장의 대출 연장을 위해서 애를 쓰고 있다면 조만간 눈사태와 같은 유동성 위기를 겪을 가능성이 크다.

나. 이러한 상황에서 건설사의 워크아웃이나 파산을 예상하고, 파산이 예상되는 건설사가 PF대출에 보증하거나 자금보충의무를 부담하는 사업장 중 사업 부지의 실제 가치보다 상대적으로 적은 금액의 1순위 우선수익권과 PF대출 채권을 담보로 발행한 ABCP[80](자산담보부기업어음)를 인수하는 사람들이 있다.

다. 파산이나 워크아웃 신청이 임박한 건설회사가 실질적으로 보증한 ABCP를 인수한다는 것이 언뜻 이해가 되지 않을 것이다. 이들은 건설회사의 파산을 기회로 채무자

---

[80] Asset Backed Commercial Paper. 대출 채권을 담보로 발행하는 기업어음. 보통 3개월마다 상환을 위해 발행한다.

인 부동산개발사업자를 압박하여 사업권을 빼앗고(부당이득죄[81]에 해당), 사업권을 이용하여 사업 부지를 헐값에 낙찰받아(입찰방해죄[82]에 해당) 중단된 부동산개발사업을 재개하여 엄청난 이익을 얻기 위해서 ABCP를 인수한다. ABCP 인수자는 채무자인 부동산개발사업자를 소송으로 압박할 수 있고, 우선수익권에 의하여 신탁사에 공매의 중단과 진행을 요청할 수 있기 때문이다.

라. 이와 같은 사례는 부동개발사업에 있어서 부동산개발사업의 사업권자(개발행위허가를 받은 자)가 있는 사업부지는 사업권자의 협조 없이는 매입하기가 어렵다는 사실과 PF대출의 도구인 특수목적법인(SPC[83])이나 신탁사의 잘못된 관행과 도덕적 해이가 결합하여 가능한 것이다. 그리고 이러한 법 위반 행위와 도덕적 해이는 결과적으로 파산 신청한 회사와 그 회사 채권자들의 손해를 증가시킨다. 부동산개발사업과 관련하여 법의 울타리를 벗어나는 사례를 소개하고 그에 대한 원인에 대하여 설명하겠다.

---

81) 부당이득죄는 형법 제349조 사람의 궁박한 상태를 이용하여 현저하게 부당한 이익을 취한 범죄다.

82) 입찰방해죄는 형법 제315조 위계 또는 위력 기타 방법으로 경매 또는 입찰의 공정을 해하는 범죄다.

83) Special Purpose Company. 보통은 대출금융기관의 직원 1인이 유한책임사원인 유한회사다.

2. 사업권 탈취 및 입찰방해 구조

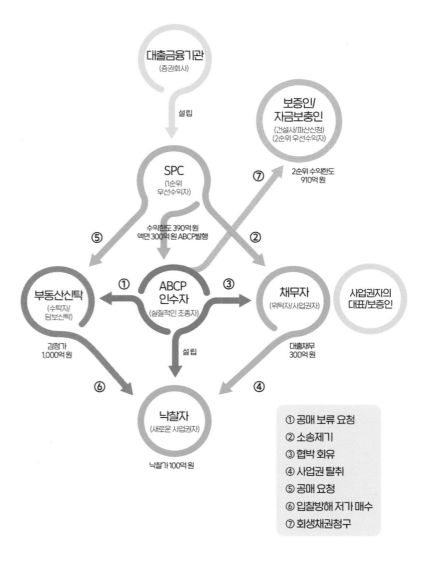

대출금융기관
(증권회사)

설립

SPC
(1순위
우선수익자)

보증인/
자금보충인
(건설사/파산신청)
(2순위 우선수익자)

2순위 수익한도
910억 원

⑦

수익한도 390억 원
액면 300억 원 ABCP발행

⑤

②

부동산신탁
(수탁자/
담보신탁)

①

ABCP
인수자
(실질적인 조종자)

③

채무자
(위탁자/사업권자)

사업권자의
대표/보증인

감정가
1,000억 원

설립

대출채무
300억 원

⑥

④

낙찰자
(새로운 사업권자)

낙찰가 100억 원

① 공매 보류 요청
② 소송제기
③ 협박 회유
④ 사업권 탈취
⑤ 공매 요청
⑥ 입찰방해 저가 매수
⑦ 회생채권청구

3. 진행 과정

가. 정보 수집

위 그림의 중앙에 있는 ABCP(자산담보부기업어음) 인수자 (실질적인 조종자)는 여러 증권사의 부동산개발사업 대출 담당자들에게 유동성 위기가 예상되는 건설사의 사업 부지의 감정가액(전체 수익한도)에 비하여 1순위 우선수익자의 수익한도가 상대적으로 낮은[84] 사업장 중 1순위 우선수익자의 채권과 우선수익권을 담보로 ABCP를 발행하고, ABCP의 상환 연장이 필요한 사업장이 있으면 실질적인 조종자가 해당 ABCP를 전액 인수하겠다고 소문을 내서 투자 대상 사업장을 물색한다.

나. ABCP의 발행과 인수

대출금융기관은 위 그림과 같이 대출금융기관의 직원이 유한책임사원인 SPC(특수목적 유한회사)를 설립하고, 부동산개발사업자인 채무자에 대한 채권 300억 원과 우선수익권을 SPC에 양도한다. SPC가 양수받은 채권과 우선수익권을 담보로 액면 300억 원의 ABCP를 발행하고, 위 그림의 실

---

[84] 인용한 사례의 경우 사업 부지의 감정가는 1,000억 원이고, 전체 수익 한도는 1,300억 원(감정가×1.3)인데 1순위(SPC) 수익 한도는 390억 원, 2순위 (건설회사) 수익 한도는 910억 원으로 토지의 가치(1,000억 원)에 비하여 1순위 수익 한도(390억 원)가 현저히 적은 경우다.

질적인 조종자가 ABCP를 인수한다.

다. 신탁사에 대한 공매 보류 요구(위 그림의 1)

ABCP 인수자는 보증인인 건설사가 실제로 파산 신청을 하는 상황이 발생하였음에도 신탁사에 공매 진행을 보류할 것을 요구한다. 채무자는 신탁사에 대하여 사업 부지에 대한 공매 진행을 요청하지만, 신탁사는 공매 권한은 1순위 우선수익자에게 있다고 하면서 공매를 진행하지 않는다.

라. 채무자에 대한 소송(위 그림의 2)

대출 만기에 부동산개발사업자인 채무자나 보증인인 건설사가 채무를 상환하지 못하면(ABCP 만기에 어음금 청구에 변제하지 못할 경우) ABCP 인수자는 SPC를 통해 부동산개발사업자인 채무자와 대출 채무의 보증인인 채무자 회사의 대표 개인에게 대출금반환 소송을 제기한다.

마. 채무자에 대한 협박 및 회유(위 그림의 3)

ABCP 인수자는 부동산개발사업자인 채무자와 대표에게 부동산개발사업의 사업권을 자신이 지정하는 제3자(위 그림에서 낙찰자)에게 이전하라고 지속적인 협박과 회유를 한다.

바. 사업권 탈취(위 그림의 4)

SPC는 ABCP 인수자의 조종에 의하여 채무자에 대한 소송의 1심 판결 후 채무자 회사 대표 개인의 가재도구 등에 대한 압류 집행을 하면서 지속해서 사업권을 이전하라고 협박하면서 동시에 사업권 이전을 하면 금전적 혜택을 줄 것이라고 회유한다. 채무자가 채무를 면하는 방법은 신탁재산이 공매되는 방법뿐이다. 그런데 신탁사는 공매를 진행하지 않고, 대출금에 대한 이자는 연 50억 원씩 증가하기 때문에 달리 방도가 없는 채무자는 부동산개발사업의 사업권을 사업 부지의 낙찰자에게 이전할 것을 약속할 수밖에 없다.

사. 입찰방해로 인한 사업 부지의 저가 매수(위 그림의 6)

(1) 부동산개발사업의 사업권을 사실상 확보한 후 ABCP 인수자는 SPC를 통해 신탁사에 사업 부지에 대한 공매 진행을 요구(위 그림의 5)함과 동시에 용역을 시켜서 사업 부지 현장에 '부동산개발사업의 사업권자가 있는 사업장'이라는 표시를 하고, 신탁사의 공매 현장 입구에도 동일한 내용의 팻말을 들게 한다.

(2) 일반적으로 부동산개발사업의 사업권자가 있는 토지를 부동산개발사업자의 협조 없이 매수하는 경우는 거의 없다. 부동산개발사업의 사업권자가 협조하지 않는 토지를 매수하여 부동산개발사업을 하기 위해서는 토지 매수 후 기존 사업자에 대한 개발행위허가를 취소시키고, 별도의 개발행위허가를 받아야 하는데 이는 엄청난 비용과 시간이 소요된다. 그뿐만 아니라 개발행위허가

를 받기 위하여 오랜 세월 사업 부지와 그 인접 토지를 관리해온 기존 사업자가 적극적으로 민원을 제기하면서 토지 매수자가 개발행위허가를 받는 것을 방해할 경우는 현실적으로 토지 매수자가 개발행위허가를 받기는 어렵다.

(3) 부동산개발사업의 사업권이 있다는 사실을 이용하여 잠재적 입찰 희망자의 입찰 참여를 방해하는 방법으로 ABCP 인수자는 자신이 설립한 낙찰자로 하여금 대출 채권의 이자 상당액 정도[85]의 저가로 사업 부지를 매수하게 할 수 있다.

아. 보증인과 자금보충인에 대한 대출 원금 청구(위 그림의 7)

부동산개발사업의 사업권과 사업 부지를 취득한 후 ABCP 인수자는 대출 채권의 보증인 겸 자금보충인인 파산한 건설사에 대출원금[86]을 청구한다.

---

85) 사례의 경우 연체이자율이 19%이고, 1년 10개월 정도 공매를 지연시켜서 이자만 100억 원 이상이 되었다. ABCP 인수자는 이자만으로 사업 부지를 낙찰받았다.

86) 일반적으로 파산 회사의 회생계획안은 대출 이자는 탕감을 하고 대출 원금의 일부만을 분할 상환하는 내용이다. 본 사안은 ABCP 인수자가 탕감된 대출 이자로 사업 부지를 취득하였기 때문에 대출 원금 전액을 회생채권으로 청구할 수 있다. ABCP 인수자는 애초부터 인수 금액보다 훨씬 가치가 있는 사업권과 사업 부지(본 사안은 사업 부지의 가치만 ABCP 인수대금의 거의 3배인 경우다)의 취득이 목적이었으므로 회생채권의 회수는 부가적인 수익이 되는 것이다.

4. 부동산개발사업 사업권의 소극적 가치[87] (사업권을 탈취하려는 이유)

가. 개발행위허가의 취소와 부동산개발사업권자의 변경

(1) 부동산개발사업자에게 있어서 개발행위의 허가(특히 주택건설사업계획승인이나 도시개발사업의 실시계획인가, 도시정비법의 사업시행계획인가 등)를 받는 것은 꿈을 실현할 수 있는 길목에 들어선 것과 같다. 개발행위허가를 받게 되면 일단 금융기관으로부터 좋은 조건의 대출을 받을 수 있고 최소한 개발사업의 초기 투자금을 회수할 수 있다.

(2) 개발행위허가 후에 금융기관이나 기타 투자자가 자금을 빌려주고 투자를 하는 이유는 개발행위허가를 받았다는 사실이 부동산개발사업자가 개발행위허가를 받기 위하여 큰 비용과 노력과 시간을 투자하였다는 사실과 여러 관련 당사자의 이해가 조율되었다는 사실을 증명하고, 부동산개발사업의 결과를 가늠해 볼 수 있는 단계에 이르렀기 때문이다. 또한, 개발행위허가는 지역사회의 발전과도 밀접한 관계가 있다. 따라서 개발행위의

---

87) 앞서 사업권 양도와 사해행위취소에서 설명한 사업권의 적극적인 가치와 달리 부동산개발사업 사업권자의 협조가 없으면 누구도 부동산개발사업을 할 수 없다는 점에서 소극적인 가치라고 표현하였다.

허가를 취소하거나 폐지하는 절차는 뒤에서 보는 바와 같이 개발행위허가 절차와 거의 비슷할 정도로 복잡하고 어렵다.

(3) 부동산개발사업의 사업권자를 변경하는 절차도 종국에는 새로운 개발행위허가를 하는 것이기 때문에 기존의 개발행위허가를 받은 부동산개발사업자의 적극적인 협조 없이는 부동산개발사업 사업권자의 변경은 거의 불가능하다. 위 사례에서 ABCP 인수자는 정상적인 방법으로 부동산개발사업의 사업권을 취득할 수 없었기 때문에 기존 사업권자인 채무자를 협박하고 회유한 것이다.

나. 관련 규정

(1) 주택법 제16조 제4항은 사업자가 경매나 공매 등으로 대지의 소유권을 상실했을 경우 주택건설사업계획승인 취소를 할 수 있다고 규정하고 있다. 같은 조 제5항과 동법 시행령 제32조는 사업계획승인권자는 개발사업자로부터 사업계획 이행, 사업비 조달 계획 및 소송 등 분쟁 사항의 처리 계획이 포함된 사업 정상화 계획을 제출받아 계획의 타당성을 심사한 후 취소 여부를 결정하여야 한다고 규정하고 있다. 그리고 각 지방자치단체의 조례는 개발행위허가를 취소하려면 이해관계자들의 의견을 수렴하기 위하여 청문 절차도 필요하다고 규정하고 있다.

(2) 도시개발법 제17조 제4항은 지정권자가 인가를 받은 실시계획을 변경하거나 폐지하는 경우 국토교통부 장관이 지정권자이면 시·도지사 또는 대도시 시장의 의견을, 시·도지사가 지정권자이면 시장·군수 또는 구청장의 의견을 미리 들어야 한다고 규정하고 있다.

(3) 도시정비법 제50조와 같은 법 시행규칙 제10조도 사업시행계획인가를 취소하기 위하여는 사업시행계획의 인가절차와 거의 같은 절차를 거치도록 규정하고 있다.

다. 관련 판례

(1) 대법원 2014. 7. 10. 선고 2014두2515 판결은 주택건설사업계획승인을 받은 자가 이후 주택건설 대지의 소유권을 상실하고, 새로 그 소유권을 취득한 자가 애초 주택건설사업계획승인을 받았던 자를 상대로 건축주 명의변경절차이행청구 소송을 제기하여 그 승소 판결이 확정되었다 하더라도, 건축법상의 건축주 명의변경과 주택법상의 주택건설사업계획승인은 그 요건과 효과를 달리하는 별개의 절차이므로, 위 각 사유가 발생하였다는 것만으로 기존 주택건설사업계획승인의 효력이 당연히 상실된다고 보기 어렵다고 판결하였다.

(2) 일단 개발행위허가인 주택건설사업계획승인을 받은 경우는 부동산개발사업자가 대지의 소유권을 상실하고 건축주 명의가 변경되어도 주택건설사업계획승인의 효

력은 상실되지 않는다.

5. 입찰방해에 의한 사업 부지 저가 매수가 가능한 이유

가. 대출금융기관의 도덕적 해이

(1) 금융기관으로서 위 사례의 ABCP 인수자는 아주 좋은 고객이다. 이 같은 고객이 3개월마다 대출을 연장하는 데 동의만 한다면 금융기관으로서는 계속 고액의 업무 위탁 수수료, 자산관리위탁 수수료를 챙길 수 있기 때문이다. 그래서 금융기관은 금융기관의 직원을 유한회사인 SPC의 유한책임사원으로 임명하여 SPC의 업무를 수행하게 한다.

(2) 한편 보증인인 건설사가 파산하는 일이 발생하면 ABCP 인수자는 사전에 파산을 예상하고 부동산개발사업의 사업권과 사업 부지를 저가로 취득할 각본을 갖고 있었음에도 마치 금융기관이 건설사의 파산을 예상하지 못하고 ABCP를 팔았다고 책임을 묻기까지 한다. 그러면 대출금융기관이 설립한 SPC는 ABCP 인수자가 요구하는 대로 신탁재산의 공매신청도 하지 않고, 충격에 빠진 채무자와 채무자의 대표 개인에게 거액의 대출금반환 소송을 제기하는 것이다.

(3) 그러나 대출금융기관은 아무리 ABCP 인수자가 금융기관에 이익을 주고 있고, 앞으로도 계속 관리하고 싶은

고객이라 하더라도 ABCP 인수자의 요구가 부당하거나 위법한 점이 있다면 ABCP 인수자의 요구에 응해서는 안 된다. 금융기관은 담보인 신탁재산의 공매를 진행하지 않고 채무자와 대표인 개인에게 소송하는 것은 부당한 일이며, 이로 인하여 금융기관의 직원이 처벌받을 수도 있다는 사실을 알아야 한다.

나. 신탁사의 자본시장법 위반

(1) 앞서 살펴본 대로 신탁사는 자본시장법에 따라 감독을 받는 금융투자회사다. 자본시장법 제37조는 신탁사는 신의성실의 원칙에 따라 공정하게 사업을 해야 한다고 규정하고 있고, 제108조는 특정 신탁재산의 이익을 해하면서 자기 또는 제삼자의 이익을 도모하는 행위를 해서는 안 된다고 규정한다.

(2) 일반적으로 신탁사로서는 채무자가 채무불이행 상태이고, 사실상의 채무자인 보증인이 파산하였으며, 채무자가 공매의 진행을 요청하는 상황에서는 담보인 신탁재산의 공매를 서두르는 일이 상식에 맞는다. 이런 상황에서 1순위 우선수익자가 공매 신청을 하지 않고 오히려 적극적으로 공매 보류를 요청하는 것은 이례적인 경우이므로 신탁사는 신의성실의 의무에 의하여 1순위 우선수익자에게 공매 보류를 요청하는 합리적인 이유를 요구하여야 한다.

(3) 만약 1순위 우선수익자의 공매 보류 요청에 합리적인 이유가 없다면 공매 보류로 인한 신탁재산의 가치 손실에 상당한 금액만큼 민법 제485조[88])에 의하여 보증인의 보증책임액에서 감액될 수 있다는 사실을 SPC에 경고해야 하고, 채무자와 보증인에게도 1순위 우선수익자의 부당한 공매 보류 사실을 알려주어야 한다. 그런데 본 사안에서는 신탁사는 1순위 우선수익자가 부당하게 공매 보류를 요청하고 있는 사실을 알고 있었음에도 채무자에게 사실을 알리지 않고 적극적으로 숨겼다.

XI. 부동산개발사업과 관련한 사회적 비용을 줄이는 방안

1. 문제의 제기

가. 개인이든 기업이든 경제 주체에게 회복할 수 없는 비용이 많아지면 파산에 이르게 된다. 국가는 파산한 경제 주체를 공적자금 투입이나 회생절차를 통하여 정상적인 경제 주체로 다시 살린다. 이 모든 공적자금은 종국적으로 국민의 부담이 되고, 회생절차는 또 다른 국

---

88) 민법 제485조(채권자의 담보상실, 감소행위와 법정 대위자의 면책) 제481조의 규정에 의하여 대위할 자가 있는 경우에 채권자의 고의나 과실로 담보가 상실되거나 감소된 때에는 대위할 자는 그 상실 또는 감소로 인하여 상환을 받을 수 없는 한도에서 그 책임을 면한다.
민법 제481조의 대위변제할 자는 보증인이나 연대채무자를 말한다.

민의 손해를 발생시킨다.

나. 부동산개발사업은 개인이나 회사 등 모든 경제 주체의
파산과 관계가 있다. 부동산개발사업자의 범법 행위나
잘못된 판단은 부동산개발사업을 중단시키고, 부동산
개발사업을 담보로 대출한 금융기관을 부실하게 하고,
보증책임과 자금보충의무가 있는 건설회사를 어렵게
만들고, 분양을 받은 일반 국민을 길거리로 내몬다. 과
도하게 부동산개발사업에 투자한 건설사가 유동성 경
색으로 파산하면 동시에 대출기관인 금융기관의 파산
으로 이어질 수 있다. 금융기관의 파산은 부동산개발
사업을 중단시키고 그로 인한 엄청난 사회적 비용을
발생시킨다.

다. 2011년 저축은행사태에서 보는 바와 같이 부동산개발
사업과 관련한 금융기관의 도덕적 해이로 인하여 발생
한 비용을 충당하기 위해 엄청난 공적자금이 투입되었
다. 아래에선 부동산개발사업과 관계있는 사회적 비용
을 줄이는 방안을 제시한다.

2. 부동산개발사업에 대한 정확한 이해

앞서 살펴본 여러 실무상의 쟁점에 대하여 미리 준비하지
못한 부동산개발사업자가 중요한 순간에 판단을 잘못하거나
대출금융기관이 개발사업의 여러 쟁점에 대한 해결책을 갖지

못하고 단순히 건설사의 책임준공이나 신용보강을 담보로
대출할 경우 시행사와 건설사에서 금융기관으로 이어지는
연쇄 파산이 생길 수 있다. 따라서 부동산개발사업자나 대
출금융기관은 담당자에게 부동산개발사업의 중요한 쟁점에
대하여 체계적인 지식을 습득할 기회를 제공할 필요가 있다.

3. 불필요한 소송의 자제와 합의를 위한 노력

가. 부동산개발사업은 다양한 당사자들의 이해관계가 충돌
한다. 모든 이해관계의 충돌이 소송이나 분쟁으로 이어
지면 사업 기간과 타이밍이 가장 중요한 부동산개발사
업은 실패할 가능성이 크다. 단점이 있는 이해관계자들
이 서로 양보하고 합의를 하게 만드는 것이 부동산개
발사업과 관련한 변호사의 가장 훌륭한 자문이다. 그런
데 부동산개발사업의 시작과 진행 과정 및 결과를 잘
모르면 이해당사자를 설득할 방법을 찾기가 어렵다.

나. 일반적으로 부동산개발사업 전문 변호사를 부동산개발
사업과 관련한 소송을 많이 한 변호사로 생각한다. 부
동산개발사업과 관련한 소송을 많이 수행한 변호사가
상대적으로 부동산개발사업을 잘 이해하는 것은 사실
일 것이다. 그러나 부동산개발사업에서 소송은 절대적
으로 필요한 경우에 최소한으로 제기되어야 한다. 소
송을 당하는 경우라도 본질적으로 소송이 갖고 있는
소송지연과 판결의 예측불가능성이 부동산개발사업을

실패로 이끄는 중요한 원인임을 염두에 두고 소송수행을 해야 한다. 일단 소송이 진행되면 소송이 언제 끝날 것인지는 재판장도 모르고, 대부분 예상보다 길어진다. 그리고 변호사들은 습관적으로 소송에 임하면 소송에서 이겨야 한다는 강박관념이 있다. 그러나 부동산개발사업을 자문하는 변호사는 하나의 소송에서 승소하는 것보다 원래 예정했던 일정대로 부동산개발사업이 진행되는 것이 부동산개발사업의 성공을 위해서 더 중요하다는 점을 알아야 한다.

4. 사후적인 감독과 책임의 강화

그리고 위 사례와 같은 금융기관 및 신탁사의 법 위반 행위와 도덕적 해이에 대하여는 시장을 위축시킬 가능성이 있는 사전 규제보다는 사후적으로 지속적인 감독을 강화하고 관련자의 범법 행위에 대하여 무거운 책임을 물을 수 있는 관련 법규의 보완이 필요하다.

5. 행정절차 간소화와 통합심의의 확대

가. 최근 수도권 주택공급 증대를 위하여 도시정비법이 개정되어 공공재개발과 공공재건축의 경우는 개발행위허가(사업시행계획인가)를 위한 건축심의, 경관심의, 교육환경평가, 지구단위계획심의, 교통영향평가, 재해영향평가, 환경영향평가와 개발행위허가관청이 통합심의가

필요하다고 인정하는 사항은 통합하여 검토 및 심의(통합심의라고 한다)할 수 있게 되었다. 그리고 특별한 사정이 없으면 통합심의 결과를 반영하여 사업시행계획인가를 하여야 하고, 관련서류의 제출도 제출기한을 정하여 제출하도록 하였다.[89]

나. 이와 같은 통합심의는 정부가 사업주체인 공공재개발이나 공공재건축사업만이 아니라 민간이 사업주체인 모든 부동산개발사업에 확대 적용하여야 한다. 사실 부동산개발사업자에게 토지 작업만큼 어려운 일은 행정절차가 지연되는 것이다.

행정절차의 분산과 그로 인한 부동산개발사업의 지연은 사업비를 증가시키는 가장 큰 원인 중 하나다. 신속한 부동산개발사업을 위한 행정절차의 간소화와 통합심의는 부동산개발사업으로 인한 사회적 비용을 줄이는 중요한 방안이다.

---

89) 2021년 7월 14일부터 시행되는 개정 도시정비법 제101조의7

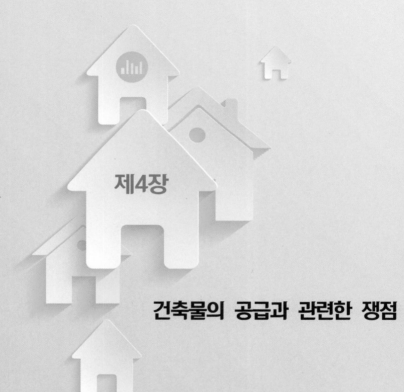

제4장

건축물의 공급과 관련한 쟁점

제4장

건축물의 공급과 관련한 쟁점

I. 실무상 쟁점

토지를 취득하여 개발행위허가를 받고 분양승인까지 받아서 착공하고 분양을 앞두고 있거나 분양을 하고 있다면 부동산 개발사업의 어려운 장애는 넘었다고 생각을 할 수 있다. 그러나 이 단계에서도 부정한 방법에 의한 건축물공급의 효력과 사실상 건축물의 공급을 어렵게 만드는 유치권에 대하여 검토할 필요가 있다.

II. 공급질서 교란 금지

1. 관련 규정

가. 주택법 제65조 제1항은 거짓이나 부정한 방법으로 주택법에 따라 건설 공급되는 주택을 공급받거나 공급받게 해서는 안 된다고 규정하고 있다.

나. 동법 제2항은 국토교통부 장관 또는 부동산개발사업자 (사업주체)는 위법하게 체결된 주택의 공급계약을 취소할 수 있다고 규정하고 있다.

다. 동법 제3, 4항 및 동법 시행령 제74조 제2항은 부동산 개발사업자가 주택을 공급받은 자에게 입주금과 융자금의 상환 원금을 합산한 금액에 생산자물가상승률을 곱한 금액에서 감가상각비를 공제한 금액을 지급한 경우에는 그 지급한 날에 그 주택을 취득하고, 주택에 입주한 자에게 퇴거를 명할 수 있다고 규정하고 있다.

라. 주택법 제101조는 주택법 제65조를 위반한 분양자와 수분양자는 3년 이하의 징역 또는 3천만 원 이하의 벌금을 부과하도록 규정하고 있다.

마. 주택법 제54조와 주택공급에 관한 규칙 제20조는 30호 이상의 주택 공급을 위해서는 관할 행정관청의 주택공급에 관한 승인(분양승인)을 받아야 한다고 규정하고 있다. 건축물 분양에 관한 법률 제5조는 주택이 아닌 건축물(오피스텔, 상가 등)이나 30호 미만의 주택의 분양은 건축물 분양에 관한 법률 제5조에 의하여 관할 행정관청에 분양신고를 하여야 한다고 규정하고 있다.

2. 거짓 그 밖의 부정한 방법

가. 주택법 제65조 제1항의 거짓 그 밖의 부정한 방법으로

주택을 공급받거나 받게 하는 행위란 주택법에 의하여 공급되는 주택을 공급받을 자격이 없는 자가(또는 그러한 자격이 없는 자에게) 그 자격이 있는 것으로 가장하는 등 정당성이 결여된 부정한 방법으로 주택을 공급받는 (또는 공급받게 하는) 행위로서 사회 통념상 거짓, 부정으로 인정되는 모든 행위를 말한다(대법원 2005. 10. 7. 선고 2005도2652 판결).

나. 분양승인을 받아야 함에도 분양승인을 받지 않고 특정인에게 분양하는 행위나 우선공급이나 특별공급 대상이 아님에도 우선공급이나 특별공급을 하는 경우도 부정한 방법으로 주택을 공급받거나 받게 하는 행위라고 보아야 할 것이다.

3. 행정중심복합도시 관련 위법한 특별공급

가. 개요

최근 행정중심복합도시로 이전하지 않은 국가기관의 종사자에 대한 특별공급이 사회적 쟁점이 되었다. 특별공급의 개념과 위법한 특별공급에 대한 법적 조치에 관하여 설명한다.

나. 특별공급

(1) 주택법 제54조를 근거로 한 국토교통부령인 주택공급에 관한 규칙 제25조는 주택의 공급방법을 일반공급과 우선공급, 특별공급으로 나누고 있다. 일반공급은 전 국민

을 대상으로 순위에 따라 공급하는 것을 말하고, 우선공급은 행정구역 변경 등에 의하여 일반공급보다 우선하여 공급하는 것을 말하며, 특별공급은 국가유공자나 행정중심복합도시로 이전하는 국가기관의 종사자들과 같이 특별한 사람에게만 공급하는 특혜성의 공급을 말한다.

(2) 주택공급에 관한 규칙 제47조는 부동산개발사업자(사업주체)는 행정중심복합도시에서 건설하여 공급하는 주택을 행정중심복합도시 예정지역으로 이전하는 국가기관, 지방자치단체와 공공기관 종사자에게 특별공급할 수 있다고 규정하고 있다.

다. 위법한 특별공급에 대한 법적 조치

만약 행정중심복합도시 예정지역으로 이전하지 않는 국가기관, 지방자치단체와 공공기관 종사자가 특별공급을 받았다면 관련자의 형사 고발은 별론으로 하고 다음과 같은 법적 조치를 해야 할 것이다.

(1) 분양계약의 취소

주택법 제65조 제2항에 따라 국토부장관과 부동산개발사업자는 위법하게 특별공급을 받은 자에게 계약취소를 통보하여야 할 것이다.

(2) 입주금 등 반환 및 퇴거 명령

부동산개발사업자(사업 주체)는 공급을 받은 자에게 주택법 제65조 제3항 및 제4항에 따라 특별공급을 받은 자로부터 받은 입주금과 융자금의 상환 원금을 합산한 금액에 생산자물가상승률을 곱한 금액에서 감가상각비를 공제한 금액을 지급하고, 주택에 입주한 자에게 일정한 기간을 정하여 퇴거를 명하여야 할 것이다.

(3) 소유권 이전 및 일반공급

주택법 제65조 제3항을 원인으로 한 특별공급 주택에 대한 소유권을 부동산개발사업자 명의로 이전[90]한 후, 주택공급에 관한 규칙 제25조 제8항에 따라 일반공급을 하여야 할 것이다.

Ⅲ. 유치권

1. 유치권의 정의

가. 유치권은 타인의 물건 또는 유가증권을 점유한 자는 그 물건이나 유가증권에 관하여 생긴 채권이 변제기에 있는 경우에는 변제를 받을 때까지 그 물건 또는 유가증권을 유치할 권리를 말한다(민법 제320조 제1항). 여기서 물건은 부동산과 동산을 포함한다.

---

[90] 특별공급을 받은 자가 이미 제3자에게 매각을 하여 소유권 이전이 불가능할 때는 특별공급을 받은 자는 부동산 시가 상당액을 가액배상하여야 할 것이다.

나. 부동산개발사업에서 일반적으로 접하는 유치권의 사례는 공사를 완료하였음에도 공사대금을 받지 못한 건설회사나 하도급 회사가 공사대금을 받기 위하여 공사대금을 받을 때까지 공사 현장을 계속 점유하는 경우를 들 수 있다. 공사대금 채권이 피담보채권인 유치권의 요건을 구체적으로 살펴보면 (1) 공사대금 채권은 점유하고 있는 부동산에 관하여 발생한 것이어야 한다(견련성). (2) 공사는 완료되어야 한다. (3) 공사가 완료된 이후부터 변제받을 때까지 계속 점유를 해야 한다.

다. 그리고 상인 간에 채권이 변제기에 있는 경우 상행위로 인하여 점유하고 있는 채무자 소유의 부동산을 채권을 변제받을 때까지 계속 점유할 수 있는 권리[91]를 상사유치권이라 한다. 상사유치권은 민법의 유치권과 달리 점유하고 있는 부동산과 채권간에 견련성이 없고, 점유하고 있는 부동산은 채무자 소유여야 한다.

2. 실무상 쟁점

가. 유치권은 담보권의 일종이지만 등기로 공시할 수 없고 우선변제를 받을 권리는 없으나 현실적으로 채권을 받

---

[91] 상법 제58조(상사유치권) 상인 간의 상행위로 인한 채권이 변제기에 있는 때에는 채권자는 변제를 받을 때까지 그 채무자에 대한 상행위로 인하여 자기가 점유하고 있는 채무자 소유의 물건 또는 유가증권을 유치할 수 있다. 상사유치권은 민사유치권과 달리 물건과 채권의 견련성이 필요 없다.

을 때까지 부동산을 점유할 권리가 있기 때문에 사실
상 우선변제력[92]이 있다고 할 수 있다. 그리고 유치권
자는 해당 부동산에 대하여 경매를 신청할 권리[93]가
있다. 유치권에 경매를 신청할 수 있는 권리를 부여한
것은 유치권에 사실상 우선변제력을 인정한 것과 같은
효과가 있다.

나. 실무에서는 공사대금을 받지 못한 공사업자가 정당하
게 유치권을 행사하는 경우뿐만 아니라 부동산개발사
업을 부실하게 만든 부동산개발사업자가 사업장을 채
권자에게 빼앗기지 않으려고 현장을 점거하는 구실로
유치권을 이용하는 경우도 있고, 공사대금과는 아무 관
련이 없는 투자자나 단순 채권자가 현장을 점거하는
명분으로 유치권을 이용하는 경우도 있다. 일반인들에
게 현수막과 용역 직원들이 현장을 관리하는 모습으로
비치는 유치권 행사는 부동산개발사업에 문제가 있다
는 인식을 주게 되어 현실적으로 분양하기도 어렵다.

다. 등기되지 않는 유치권의 강력한 효력을 견제하기 위하
여 법은 유치권의 행사를 위해서는 유치권의 요건을
철저하게 갖출 것을 요구하고 있다. 외형상 유치권의

---

92) 민사집행법 제91조 ⑤ 부동산매수인은 유치권자에게 그 유치권으로 담보하
는 채권을 변제할 책임이 있다.

93) 민법 제322조 ① 유치권자는 채권의 변제를 받기 위하여 유치물을 경매할
수 있다.

요건을 갖추었다 하더라도 신의칙 위반 및 권리남용으로 효력을 부인할 수도 있다. 아래에서는 유치권과 관련한 중요한 쟁점을 설명한다.

3. 유치권과 신의칙

가. 사례

상인인 채무자 소유의 건물에 1순위 근저당권이 설정되어 있었는데, 2순위 근저당권자가 채무자와 건물 일부에 관하여 임대차계약을 체결하고 건물 일부를 점유하였다. 이후 1순위 저당권자가 채무자 소유 건물에 대하여 경매신청을 하였고, 경매절차에서 2순위 저당권자는 낙찰자로부터 우선변제를 받기 위하여 법원에 유치권신고를 하였다.

나. 유치권 부인

경매개시결정 등기가 마쳐지기 전에 임대차계약이 체결되었고, 채권은 상사채권으로서 이미 변제기에 도달하였기 때문에 2순위 저당권자은 원칙적으로 채권을 변제를 받을 때까지 건물 일부를 점유할 권리가 있다. 그러나 1순위 근저당권자의 신청에 의하여 건물 등에 관한 경매절차가 곧 개시되리라는 사정을 충분히 인식하면서 임대차계약을 체결하고, 그에 따라 유치목적물을 점유하였다면, 1순위 근저당권자의 신청에 의하여 개시된 경매절차에서 유치권을 주장하는 것은 신의칙상 허용될 수 없다(대법원 2011. 12. 22.

선고 2011다84298 판결).

다. 유의할 사항

위 사례는 유치권을 주장하는 당사자의 임차 목적이 영업을 위한 것이 아니고 채권을 우선 변제받으려는 데 목적이 있고, 임대차계약 체결 당시 경매신청을 예상할 수 있었던 사례다. 따라서 영업을 위하여 임대차계약을 체결하고 경매신청을 예상할 수 없었다는 사실을 입증할 경우 유치권이 인정될 수도 있다는 사실을 유의하여야 할 것이다. 그리고 이 사례는 점유 부동산과 피담보채권 간에 견련성을 요건으로 하지 않는 상사유치권에 관한 것이다. 피담보채권이 점유 부동산에 관하여 발생하는 것(견련성)을 요건으로 하는 민사유치권이 신의칙에 의하여 부인되는 사례는 아직 없다 (대법원 2011. 5. 13.자 2010마1544 결정).

4. 건축공사와 토지에 대한 유치권

가. 사례

2018년 예금보험공사에서 진행한 공매의 공매대상 토지의 지상에는 건물이 건축되었고, 건물을 건설한 건설회사는 건물은 물론 토지에도 유치권을 행사하고 있었다. 당시 유치권을 주장하는 건설회사는 토목 공사대금 채권을 피담보채권으로 하여 토지에 대한 유치권을 주장하면서 토지에 대하여 경매신청을 하였다. 건설사는 토지에 대하여 경매 진행 중 지상건물에 대한 일괄경매 신청을 하였고 일괄경 매의 요건과 관련하여 약 5년간 소송이 진행되었다. 공매 대상 토지는 잠재적 매수인들에게 토지에 대하여 유치권이 있다는 사실이 알려져 여러 번 유찰이 되었다. 너무 오랫 동안 소송이 진행되어 토지에 대한 유치권의 존재에 대하 여 의문을 갖지 않았다. 당시 저자는 공매를 위한 보고서 작성을 위하여 유치권자의 최초 경매신청서를 살펴보다가 유치권의 피담보채권이라고 주장하는 토목 공사대금 채권 은 건축 공사대금의 일부임을 확인하였다.

나. 건축 공사대금의 토지에 대한 유치권부존재

건물의 신축 공사를 한 사람이 그 건물을 점유하고 있을 경 우 공사대금 채권의 변제를 위하여 건물에 대하여 유치권을 행사할 수 있다. 그러나 건물의 신축 공사로 인한 채권은 토지에 관하여 생긴 것이 아니므로 건물의 신축 공사를 위 한 공사대금 채권에 기하여 토지에 대하여 유치권을 행사할 수는 없다(대법원 2008. 5. 30.자 2007마98 결정). 당시 저자는 사업장분석설명서에 이와 같은 내용을 기재하여 잠재적 매 수인들에게 설명하였고, 공매 대상 토지는 낙찰이 되었다.

5. 유치권과 경매개시결정

가. 사례

점유 부동산에 저당권이 설정되어 있으나 아직 경매가 개시되기 전에 공사업자가 인테리어 공사를 시작하였다가 경매개시결정이 나고 등기부에 경매개시결정이 등기된 이후에 공사를 완료하였다. 공사업자는 공사대금을 변제받지 못하자 유치권을 주장하였다.

나. 유치권의 부존재

공사업자의 점유가 경매개시결정의 등기 이전에 시작되었다 하더라도 특별한 약정이 없는 한 공사비는 공사 완료 후에 받는 것이므로 경매개시결정 등기 당시에는 공사대금 채권의 변제기가 도래하지 않았다. 변제기가 도래하지 않은 경우는 유치권을 행사할 수 없다(대법원 2011. 10. 13. 선고 2011다55214 판결).

6. 현장 확인의 필요

가. 실무에서 유치권과 관련한 분쟁이 생기면 현장 상황을 파악하는 것이 가장 중요하다. 유치권은 등기가 되는 것이 아니고 유치권자가 현수막 등을 내 걸었을 때 비로소 유치권의 존재를 알게 된다. 따라서 유치권의 분쟁이 있는 경우는 현장을 방문하여 공사를 실제로 했는지 공사는 언제 시작하고 언제 끝났는지 점유를 계속하였는지 등을 직접 확인해야 한다.

나. 실제로 저자는 예금보험공사가 관리하는 부동산개발사업장에 유치권이 있다고 주장하면서 사업장을 점거하

고 있는 건설회사가 과거에 채무자인 부동산개발사업자와 소송을 한 사실을 확인하고, 일요일 새벽부터 사업장의 외벽을 자세히 조사하던 중 비닐 커버로 싸인 부동산가처분집행조서를 발견했다. 당시 유치권을 주장하는 회사는 집행관이 실시한 부동산가처분집행조서를 손상 또는 은닉하면 형법 제140조의 공무상비밀표시무효죄로 처벌을 받는다는 사실을 변호사를 통해 잘 알고 있었기 때문에 집행조서를 파기하지 못하고 오히려 손상될까 봐 비닐로 씌운 후 눈에 잘 띄지 않는 구석에 걸어놓았던 것이다. 조서의 내용은 현재 유치권이 있다고 주장하는 건설회사가 채무자인 부동산개발사업자를 상대로 점유이전금지가처분 신청을 하였고, 집행관이 가처분명령을 집행하기 위해 현장에 가서 당시 부동산개발사업장은 부동산개발사업자인 채무자가 점유하고 있다는 사실을 확인하는 내용이었다.

다. 당시 저자는 부동산가처분집행조서를 복사한 후 현재 유치권을 주장하는 건설회사는 사업장을 계속해서 점유하지 않았기 때문에 유치권을 행사할 수 없다는 내용의 설명서를 예금보험공사에 제공하여 공매를 진행하였고, 해당 부동산개발사업은 매각이 되었다.

제5장

부동산개발사업의 재구성

제 5 장

부동산개발사업의 재구성

I. 재구성의 필요성

1. 저자는 부동산개발사업자를 위하여 부동산개발사업의 위험을 예방하는 업무를 하였고, 예금보험공사의 매각주관사 대표로서 채권자를 위하여 하자가 많은 부동산개발사업을 매각이 가능한 부동산개발사업으로 만들었으며, 동시에 부동산개발사업의 양수자를 위하여 부동산개발사업의 정상화 방안을 자문하였다. 이와 같은 경험 때문에 저자는 부동산개발사업의 성공과 실패의 원인이 무엇이고, 부동산개발사업의 단계마다 중요한 판단과 결정을 하기 위해서 반드시 검토하여야 하는 것이 무엇인지를 알게 되었다.

2. 그리고 저자 경험의 일부를 독자들에게 전달하고 독자들이 부동산개발사업을 간접적으로 경험할 기회를 제공하기 위해 부동산개발사업의 기획에서부터 건축물의 공급

까지의 사례를 재구성하였다. 앞서 설명한 이론이 실제로
어떻게 적용이 되는지를 예시하고 필요할 경우 추가적인
설명을 곁들일 것이다. 아래에서 재구성한 부동산개발사
업은 실재 사례를 기반으로 하였으나 구체적인 수치, 내
용, 지명 및 등장인물[94] 등은 부동산개발사업의 이해를
위해 저자가 임의로 설정하였다.

Ⅱ. 재구성 부동산개발사업의 줄거리

1. 부동산개발사업자 A는 2007년경 재래시장의 정비사업
   을 위한 전통시장 및 상점가 육성을 위한 특별법(전통시
   장법) 제37조의 시장정비사업추진계획승인을 받아 추진
   하는 재래시장개발사업을 계획하였다. 그리고 상가와
   아파트를 건축하는 것이 수익성이 높았기 때문에 전통
   시장법 외에도 국토계획법에 따라 1종 지구단위계획을
   변경하여 도시계획시설인 시장을 폐지한 후 주상복합아
   파트를 건축하여 분양하기로 계획하였다.

2. A가 개발하기로 한 전통시장은 1970년대 초에 건설된
   대지면적이 1,000평인 2층짜리 시장건물이고 소유자는
   B 주식회사다. 그리고 시장의 주차장 용도로 사용된 토
   지 250평은 타인 소유의 토지다. A는 B의 주식을 인수

---

94) 다만 예금보험공사의 경우는 예금보험공사의 공공성과 법률에 근거한 특별
한 업무에 대한 이해가 필요할 것으로 판단해서 그대로 명칭을 사용하였다.

198 　부동산개발사업(성공과 실패)

하여 B를 부동산개발사업자로 하고, B가 주차장 토지 250평을 사는 방식으로 사업 부지를 취득하기로 하였다.

3. 토지 자금을 조달하기 위해 B는 D 저축은행 외 3개 저축은행(이하 D 또는 D 저축은행이라 한다)으로부터 100억 원의 브릿지론을 대출받고, D 저축은행을 1순위 우선수익자로 하는 담보신탁 계약을 G 신탁사와 체결하였다.

4. B는 G 신탁회사와 D의 협조로 신탁재산 중 250평을 신탁해지 후 소유권을 이전받아 250개의 지분으로 나눈 후 250명에게 지분을 이전하고, 250명에게 주상복합의 아파트를 우선분양받게 해주는 조건으로 2천만 원씩을 받았다. 당일 250명은 위탁자로서 소유지분을 신탁재산으로 하고, D를 1순위 우선수익자로 하는 담보신탁계약을 G 신탁사와 체결하였다. B는 유명 설계회사에 지구단위계획변경 용역을 의뢰하여 1년의 노력 끝에 서울시로부터 재래시장을 폐지하는 내용의 제1종 지구단위계획(도시관리계획)변경 결정을 받고, 지하 4층 지상 10층의 아파트 250세대, 상가 50호, 연건평 10,000평의 주상복합의 건축허가를 받았다.

5. B는 건축허가를 받은 후 위 토지 1,250평을 신탁재산으로 하여 G 신탁사와 변경된 담보신탁계약 및 대리사무약정을 체결하고, D 저축은행으로부터 추가로 200억 원을 PF대출받았고, D 저축은행은 1순위 우선수익자가

되었다.

6. B는 A가 설립한 F 건설사에 건축공사를 도급하였다.

7. D 저축은행은 이후 파산하여 예금보험공사로 본건 사업
에 대한 D의 모든 권리가 이전되었다. 이후 B가 회사
자금을 다른 사업에 유용하여 채무초과 상태가 되자 예
금보험공사는 건축 중인 건물에 처분금지가처분을 위한
B 명의의 소유권보존등기를 대위신청하고, B를 상대로
건축 중인 건물의 소유권이전등기청구 소송을 제기한
후 3년간의 소송 끝에 승소하였다.

8. 위 소송 기간 중 B는 건물의 소유자로서 토지 지분권자
250명 외에 다른 수분양자들에게도 아파트를 분양하였
다. B는 수분양자들이 잔금을 지급하지 않았다는 이유
로 용역업체를 동원하여 아파트 점유자들을 퇴거시키
고, 이후 용역업체는 아파트를 불법점유하여 세를 놓아
부당이득을 얻고 있었다.

9. 예금보험공사는 1순위 우선수익자로서 G 신탁사에 토지
및 건축물에 대한 공매를 요청하였으나 G 신탁사는 수
분양자문제를 예금보험공사가 책임을 진다는 확약을 해
야 공매를 할 수 있다고 주장하면서 공매를 거부하였다.

10. 그리고 예금보험공사는 F로부터 유치권과 공사대금채
권을 인수하였다고 주장하는 H를 상대로 유치권부존

재확인 소송과 사해행위취소 소송을 제기하여 1심에서 패소하였다.

11. 이와 같은 상황에서 예금보험공사는 매각주관사인 법무법인을 통하여 V에게 우선수익권과 B 주식회사의 주식 양도담보권을 매각하였다. V는 B의 경영권을 장악하고, 불법점유자 전부를 퇴거시키고, 2심에서 모든 소송을 승소하고, 건물을 준공한 후 분양을 하였다.

Ⅲ. 부동산개발사업의 재구성

※ 부동산개발사업의 당사자들

A : 최초 부동산개발사업 기획자(B 주식회사의 대표이사 겸 대주주)

B : 부동산개발사업자인 주식회사 / 건축주 / 위탁자 / 수익자

D : PF대출 저축은행 대주단[95](PF대출 후 경영부실로 파산)

예금보험공사[96] : D의 파산관재인

---

[95] 저축은행의 차주별 대출한도 때문에 4개 저축은행이 대주단을 결성하여 대출했다.

[96] 예금보험공사는 예금자보호법 제3조에 의하여 예금보험제도 등을 효율적으로 운영하기 위하여 설립된 무자본특수법인이다.
예금보험공사의 주요 업무와 권한은 다음과 같다.
① 모든 시중은행, 증권사, 보험회사, 상호저축은행 등(부보금융기관이라 한다)이 가입한 예금보험에 따라 부보금융기관이 지급정지 또는 파산될 경우 부보금융기관의 예금자 등에게 5,000만원 한도로 보험금을 지급해 주는 업무(예금자보호법 제18조 제1항 5호)

F : A가 설립한 건설회사 / 건설공사 수급인

G : 신탁사(신탁업자 / 수탁자)

H : F로부터 유치권을 이전받았다고 주장하는 회사

V : 부동산개발사업 양수인

예금보험공사의 PF부동산개발사업 매각주관사 : 법무법인

1. 부동산개발사업의 기획과 관련 법률의 검토

가. A가 고려한 사항

A는 재래시장(전통시장)의 개발 방향을 정하기 위하여 상가와 오피스텔을 분양할 수 있는 현대식 시장(유통시설)으로 개발할 것인가 아니면 아파트와 상가를 분양할 수 있는 주상복합아파트로 개발할 것인가를 고려하였다.

---

② 지급정지나 파산한 부보금융기관의 예금과 채권을 매입하는 권한(동법 제35조의 2)

③ 파산한 금융기관의 파산관재인이 되는 권한(동법 제35조의 8)

④ 법원행정처, 관계중앙행정기관, 지방자치단체, 정부가 50% 이상 출자한 기업체, 어음교환소, 주택사업이나 토지개발사업을 경영하는 지방공사의 장에게 부보금융기관의 부실 또는 부실 우려에 책임이 있다고 인정되는 부보금융기관의 전직, 현직 임직원 및 주요주주 또는 이해관계인의 가족관계등록사항과 재산 및 업무에 관한 자료 또는 정보의 제공을 요구할 수 있는 권한(동법 제21조의 3 제1항)

⑤ 관할세무서 및 지방자치단체의 장에게 과세정보의 제공을 요구할 수 있는 권한(동법 제21조의 3 제2항)

⑥ 금융회사의 장이나 그 특정 점포에 금융거래정보를 요구할 수 있는 권한(동법 제21조의 4)

⑦ 파산재단의 자산을 매각하여 공적자금을 회수하는 업무

나. 관련 법률의 검토

전통시장(재래시장)의 개발을 위해서는 전통시장법 제37조의 시장정비사업추진계획승인을 받은 후, 제39조에 의하여 도시정비법 제52조에 따른 사업시행계획에 제49조에 따른 입점상인 보호 대책을 포함하여 시장·군수·구청장으로부터 사업시행인가를 받아야 한다. 만약 시장(도시계획시설, 유통시설)을 폐지하고 주상복합아파트(주택 외의 시설과 주택이 같이 있는 건물) 개발을 위해서는 국토계획법에 의한 1종 지구단위계획의 변경절차를 거쳐야 한다.

다. A의 결정

A는 전통시장법에 의하여 시장정비사업추진계획승인을 받은 후 오피스텔을 도시형생활주택이나 아파트로 변경하는 승인을 받을 수도 있었으나 당시에는 주상복합아파트는 우선분양의 특례를 적용받을 수도 있었기 때문에 주상복합아파트 개발을 결정하였다.

2. 사업 부지의 취득(회사를 살 것인가 토지를 살 것인가)

가. A가 고려한 사항

A가 사업 부지 매입을 위해 B 주식회사 소유 토지 1,000평과 타인 소유 250평을 직접 매입할 경우, 사업 부지와 관련한 법률관계는 간단해 지지만 사업 자금이 너무 많이

든다. B의 주식을 기존 주주들로부터 매수하고 B 명의로 사업을 할 경우는 기존 주주들이 받게 될 주식 대금 중 일부를 투자금으로 전환할 가능성도 있어서 초기의 자금 조달 측면에서 장점이 있었다.

한편 법인의 주식을 인수할 경우 과점주주가 법인 소유부동산에 관하여 간주취득세를 납부해야 하는 문제와 국세의 제2차 납부의무와 법인의 우발채무를 부담해야 하는 위험 등에 대하여 자세히 알아보고 결정하기로 하였다.

나. 과점주주의 간주취득세와 국세의 제2차 납무의무 및 우발채무

(1) 간주취득세

지방세법 제7조 제5항에 의하면 법인의 주식 또는 지분을 취득함으로써 과점주주가 되었을 때는 그 과점주주가 해당 법인의 부동산 등(법인이 신탁법에 따라 신탁한 재산으로서 수탁자 명의로 등기·등록이 되어 있는 부동산 등을 포함한다)을 취득한 것으로 보아 취득세를 부담한다.

여기서 과점주주란 주주와 그의 특수관계인으로서 그들의 소유주식의 합계가 법인발행주식 총수의 50%를 초과하면서 그에 관한 권리를 실질적으로 행사하는 자들을 말한다.

(2) 국세의 제2차 납세의무

국세기본법 제39조에 의하면 비상장 법인의 재산으로 그 법인에 부과되거나 그 법인이 납부할 국세 및 강제징수비에 충당하여도 부족한 경우에는 그 국세의 납세의무 성립일 현재의 과점주주는 그 부족한 금액을 그 법인의 발행주식 총수(의결권이 없는 주식은 제외한다) 또는 출자총액으로 나눈 금액에 해당 과점주주가 실질적으로 권리를 행사하는 주식 수(의결권이 없는 주식은 제외한다) 또는 출자액을 곱하여 산출한 금액을 한도로 납세의무를 부담한다.

(3) 우발채무

법인의 우발채무는 과점주주라 하더라도 주식회사는 소유와 경영의 분리를 원칙으로 하기 때문에 변제할 책임이 없다. 그러나 법인의 예상하지 못한 채무는 법인의 경영에 방해가 될 수 있으므로 우발채무의 발생 가능성을 신중하게 판단하여야 한다.

다. A의 결정

A는 기존 주주의 협조를 받아 주식매매계약을 체결하여 자신의 주식은 49%로 하고, 나머지는 기존 주주의 명의로 유지하기로 합의를 하고, B 주식회사 명의로 부동산개발사업을 하기로 하였다.

라. A의 결정에 대한 의견

A는 추후 기존 주주들의 비협조로 인하여 일시 경영권을 상실하고 또한 개인의 채무인 주식 대금을 지급하기 위하여 회사 자금을 횡령하는 문제를 일으킨다. A의 결정은 잘못된

것이다. A는 시장개발사업에 기존의 법인을 이용하지 말고 신설 법인을 설립하여 신설 법인 명의로 사업을 해야 했다.

3. 자금의 조달(신탁계약, 대리사무약정의 중요한 내용)

가. 담보신탁을 이용한 자금 조달

B는 2008년 말 위탁자 겸 채무자로서 소유 부동산과 추가로 매입한 250평을 신탁재산으로 하여 수탁자인 신탁업자 G와 담보신탁계약을 체결하고 토지 매입 자금 및 초기 사업 자금 100억 원을 D 저축은행으로부터 대출받고, D는 1순위 우선수익자가 되었다. B는 2010년 초 지구단위계획이 변경된 후 주상복합아파트 건축허가[97]를 받고, D 저축은행으로부터 공사대금 및 사업 자금 일체 200억 원을 추가로 대출(PF)받으면서 G와 담보신탁계약의 변경계약과 대리사무약정을 체결하였다. 그리고 B는 D에게 사업권 포기각서와 사업권 이전각서를 제출하고, B의 주주들은 보유 주식 100%에 대하여 D와 주식 양도담보계약을 체결하고, 시공사인 F는 유치권 포기각서를 D에게 제출하였다.

나. 담보신탁계약 및 대리사무약정의 중요 내용

(1) 계약 당사자들의 서로 다른 목적

부동산개발사업자 겸 채무자인 B의 계약 목적은 대출 자

---

97) 주상복합의 경우 아파트가 300호 미만이고 아파트의 연면적이 90% 미만인 경우 주택건설사업계획승인을 받지 않고 건축허가를 받을 수 있다.

금의 집행과 분양계약을 체결하는데 우선수익자와 신탁사의 간섭을 받지 않고 대외적으로는 신탁사가 관리하는 안전한 사업장처럼 보이는 것이고, 대출자인 D의 목적은 위탁자와 수탁자가 신탁재산을 안전하게 관리하여 약정한 원리금을 안전하게 회수하는 것이며, 수탁자인 G의 목적은 위탁자를 효율적으로 관리하는 것이다. 이와 같은 당사자들의 목적이 다른 점은 당사자들의 상호 필요성과 의존성에 따라 다양한 방법으로 계약에 표출된다. 본 사업장은 위탁자인 B 소유 토지가 사업 부지의 70% 이상이기 때문에 토지 매입을 위한 대출이 상대적으로 적어서 B의 의견이 주로 반영이 되었다.

(2) 분양과 관련한 내용

① 분양계약서는 신탁사 G가 제작하여 B에게 교부한다.
② B는 분양계약체결 시 확정일자를 받아 사본을 G에게 보낸다.
③ 분양대금은 신탁사가 개설한 계좌로만 수납한다.

(3) 사업장의 관리 권한과 의무에 관한 내용

① 사업장의 관리 권한과 의무는 B에게 있다.
② B는 G의 동의가 있으면 사업장 일부를 임대할 수 있다.

(4) 우선수익권 행사와 관련한 내용

① B가 대출계약을 위반할 경우 저축은행 D는 신탁사에

요청하여 신탁부동산을 처분할 수 있다.

② 1순위 우선수익자 D가 1순위 우선수익자의 변경을 요청할 경우 G는 신탁원부를 변경할 수 있다.

다. 담보신탁계약 및 대리사무약정의 문제점

(1) 분양과 관련한 내용

개발사업자인 B가 분양계약 사실을 신탁사 G에게 알리지 않을 경우에 대한 방안이 없다. 결과적으로 B는 신탁사에 분양계약 체결 사실을 알리지 않고, 신탁사로부터 받은 계약서를 복사해서 분양계약 체결에 사용했다. 그리고 신탁사는 업무 편의를 위해 신탁사의 인감이 날인된 수백 장의 백지 분양계약서를 사전에 B에게 전달했다.

(2) 사업장의 관리 권한과 의무에 관한 내용

사업장의 관리 권한을 개발사업자인 B에게 줄 수는 있다. 그러나 B가 사업장을 임의로 임대하고 신탁사에 알리지 않을 경우를 대비하여 신탁사 또는 1순위 우선수익자가 현장을 관리할 수 있는 규정이 있어야 했다. 사업장 관리 권한이 B에게 있다는 규정 때문에 B가 채무불이행 이후 현장에 용역업체들을 끌어들이는 것을 막을 수가 없었다.

(3) 우선수익권의 행사와 관련한 내용

1순위 우선수익자의 변경을 D가 요청할 경우 특별한 사정이 없으면 G는 신탁원부를 변경하여야 한다. 우선수익권의 양도는 수익증권의 양도성을 자본시장법에서 인정하고 있으므로 우선수익권의 양도와 관련하여 특별한 사정이 없는 데도 신탁사가 신탁원부의 변경을 하지 않을 수도 있다는 규정을 둘 필요가 없었다. 실제로 본 사안에서 신탁사는 분양과 관련한 자신들의 책임을 회피하려는 방편으로 신탁공매[98]를 반대하고 우선수익권의 양도를 못 하게 하기도 하였다.

4. 주상복합의 토지 소유자 우선분양을 이용한 자금 확보

가. 지분 쪼개기

A와 B는 브릿지론을 받고 본 PF대출을 받기 전에 당시 주택공급에 관한 규칙 제31조에 주상복합아파트의 경우 토지 소유자들에게 우선분양을 할 수 있다는 규정에 착안하여 신탁된 사업 부지 중 약 250평에 대하여 신탁계약을 해제해서 B 소유로 귀속시켰다가 당일 250명에게 1/250씩 쪼개서 소유권을 이전하고, 250명 전원이 해당 지분에 대하여 신탁사 G와 신탁계약을 체결하고 소유권을 신탁사로 이전하였다. 그리고 B는 위 250명에게 향후 주상복합아파트의 우선 공급을 약속하고, 아파트공급계약에 대한 대금의 일부로 2천만 원씩을 받아 공사대금 등 사업 자금으로 활용하였다.

---

98) 신탁사가 주관하는 공매를 신탁공매라고 한다.

나. 지분 쪼개기의 문제점

(1) 우선 앞서 제2장 Ⅱ. 6. 다.에서 살펴본 바와 같이 주택공급에 관한 규칙 제31조는 법률상의 소유자에게 우선분양권이 있고 위탁자에게는 우선분양권이 없다. 그리고 소유자라 하더라도 부동산개발사업의 공동사업자로 세무서에 신고가 되어야 한다. 따라서 A와 B의 지분 쪼개기는 우선분양을 할 수 없는 잘못된 것이었다. 그런데 당시 250명은 정상적으로 우선분양을 받은 것으로 판단하고 전매를 하기도 하고, 분양대금을 완납하는 사람도 있었다.

(2) 한편 당시 신탁사나 1순위 우선수익자는 위탁자는 늘어났지만 담보인 신탁재산의 단순 가치에는 변동이 없다고 생각해서 지분 쪼개기에 적극적으로 협조하였다. 그러나 부동산개발사업의 가치는 현재의 담보가치가 중요한 것이 아니라 부동산개발사업의 미래의 가치가 중요한 것이고, 이와 같은 미래의 가치가 실질적인 PF대출의 담보다. 이와 같은 관점에서 보면 부동산개발사업자의 잘못된 판단에 의하여 비정상적인 다수의 수분양자를 만든 행위는 PF대출 담보의 가치를 엄청나게 떨어뜨린 일이다. G 신탁사나 D 저축은행은 이와 같은 위법한 분양행위의 위험을 예상하고 지분 쪼개기에 협조하지 않았어야 했다.

5. 건축 중인 건물에 대한 처분금지가처분

가. D의 파산과 B의 채무불이행

본 부동산개발사업에 위법한 분양이라는 시한폭탄과 같은 문제점이 있는 상황에서도 거액의 PF대출이 일어났고, 그 외에 여러 부실한 사업장에 대한 PF대출로 인하여 2013년 경 저축은행 D는 파산되었고, 예금보험공사가 D의 모든 권리를 인수하였다. 그리고 위법한 분양과 자금의 유용[99] 및 B의 경영권 분쟁[100] 등으로 건물이 90% 정도 건축된 상황에서 B는 재무상태가 악화하여 대출채무에 대한 원리금 상환을 연체하였다.

나. 처분금지가처분을 위한 보존등기

(1) 미등기 부동산에 대한 가처분

부동산등기법 제66조[101]에 따라 건축중인 건물과 같이

---

99) A는 분양대금 일부로 주식매수대금을 지급하고 A가 개발하는 다른 사업의 사업비용으로 전용하였다.

100) 다른 주주들이 임시주주총회를 개최하여 A를 B의 대표이사에서 해임했다.

101) 부동산등기법 제66조(미등기 부동산의 처분제한의 등기와 직권보존) ① 등기관이 미등기 부동산에 대하여 법원의 촉탁에 따라 소유권의 처분제한의 등기를 할 때에는 직권으로 소유권보존등기를 하고, 처분제한의 등기를 명하는 법원의 재판에 따라 소유권의 등기를 한다는 뜻을 기록하여야 한다. ② 등기관이 제1항에 따라 건물에 대한 소유권보존등기를 하는 경우에는 제65조를 적용하지 아니한다. 다만, 그 건물이 건축법상 사용승인을 받아야 할 건물임에도 사용승인을 받지 아니하였다면 그 사실을 표제

미등기 부동산에 대한 처분금지가처분 명령과 법원의 등기촉탁이 있으면 등기관은 직권으로 미등기 부동산에 소유권보존등기를 하고 처분금지가처분 등기를 할 수 있다. 예금보험공사는 법원에 미등기 부동산 처분금지 가처분[102]을 신청하여 가처분 결정을 받은 후 건축주인 B 명의로 소유권보존등기를 대위신청하고, 처분금지가처분 등기를 했다.

(2) 적절한 조치

대법원 2013. 1. 17. 선고 2010다71578 전원합의체 판결은 집합건물의 구분소유권은 분양계약 등에 의한 구분행위가 선행되어 있으면 1동의 건물이 사회 통념상 독립한 건물로 완성되고 구분건물이 구조상·이용상의 독립성을 가지게 된 때 원시취득하며, 구분소유권의 성립은 분양계약 등과 같은 처분권자의 구분행위와 1동의 건물 및 구분건물의 물리적 조건이 갖추어지면 인정되는 것이고, 건축물대장 등록은 요건이 아니라고 판결하고 있다. 따라서 적법한 수분양자나 개발사업자 B의 다른 채권자가

부에 기록하여야 한다. ③ 제2항 단서에 따라 등기된 건물에 대하여 건축법상 사용승인이 이루어진 경우에는 그 건물 소유권의 등기명의인은 1개월 이내에 제2항 단서의 기록에 대한 말소등기를 신청하여야 한다.

102) 신청서에는 민사집행법 제81조 제1항의 즉시 채무자 명의로 등기할 수 있다는 것을 증명할 서류를 첨부하여야 한다. 따라서 신청서에 기재된 건물의 지번, 구조, 면적이 건축허가 또는 건축신고된 것과 같지 않을 때는 민사집행규칙 제42조 제2항에 따라 신청이 각하된다.

건축 중인 건물에 가압류나 가처분을 먼저 신청할 경우에는 예금보험공사의 신축 건물에 대한 가처분신청은 실익이 없었을 것이다. 예금보험공사의 건축이 중단된 건물에 대한 신속한 가처분신청과 보존등기신청은 매우 적절한 조치였다.

다. 전유부분에 대한 보전처분과 등기되지 않은 대지권

미등기 부동산에 대한 가처분을 위한 보존등기가 경료되면 미등기 건물의 속성상 사용승인이 나지 않은 상태인 경우가 일반적이다. 특히 집합건물의 경우 준공이 나지 않으면 대지권 등기가 불가능하다. 한편 집합건물의 소유 및 관리에 관한 법률 제20조[103]에 의하면 대지권은 전유부분과 분리해서 처분할 수 없기 때문에 전유부분에 대한 가처분은 등기되지 않은 대지권에도 미치는지가 쟁점이 된다. 대지사용권은 전유부분과 종속적 일체이므로 구분건물의 전유부분에 대한 소유권보존등기만 되고 대지지분에 대한 등기가 되기 전에 전유부분에만 내려진 가압류결정의 효력은 종물 내지 종된 권리인 그 대지권에까지 미친다(대법원 2006. 10. 26. 선고 2006다29020 판결).

---

[103] 집합건물의 소유 및 관리에 관한 법률 제20조(전유부분과 대지사용권의 일체성) ① 구분소유자의 대지사용권은 그가 가지는 전유부분의 처분에 따른다. ② 구분소유자는 그가 가지는 전유부분과 분리하여 대지사용권을 처분할 수 없다. 다만, 규약으로써 달리 정한 경우에는 그러하지 아니하다. ③ 제2항 본문의 분리처분금지는 그 취지를 등기하지 아니하면 선의로 물권을 취득한 제3자에게 대항하지 못한다.

6. 주식 양도담보권의 행사와 소유권이전등기청구 소송

가. 예금보험공사의 소유권이전등기청구 소송[104]

(1) 예금보험공사는 건축 중인 건물에 처분금지가처분을 등기한 후 본안소송인 소유권이전등기청구 소송을 부동산개발사업자 겸 채무자인 B에게 제기하였다. 이 소송이 제기된 이후 수분양자라고 주장하는 다수의 이해관계자가 처분금지가처분이 등기되어 있었음에도 B로부터 소유권을 이전받았으며, 상가 전체와 아파트 일부에 임시사용승인이 나서 B가 임대를 하고 임대료 수입을 얻게 되었다.

(2) 소 제기 후 1년 이상이 경과한 후인 2014년 9월경 1심 판결이 있었는데 그 내용은 임시사용승인이 나지 않은 부분은 건축을 완성한 것이 아니어서 소유권을 이전할 의무가 없다는 내용으로 사실상 예금보험공사의 패소였다. 그리고 건물의 완성 여부와 관계없이 B는 소유권이전등기 의무가 있다는 2심판결은 2년 후인 2016년 6월경 있었다. 이후 2016년 11월경 3심이 선고되어 2017년 초 신탁사 명의로 등기 이전이 되었다.

---

104) 가처분신청과 소유권이전등기청구소송은 형식적으로 신탁사 G 명의로 하였으나 실질적인 당사자는 예금보험공사다.

나. 불필요한 소송의 진행과 무법천지가 된 사업장

(1) 한편 소유권이전등기청구의 소 제기 당시 예금보험공사는 B의 주식 100%에 대하여 양도담보권을 갖고 있었다. 주식의 양도담보권자는 회사에 대한 관계에서는 주주의 자격이 있어서 의결권을 갖고 있다(대법원 1992. 5. 26. 선고 92다84 판결). 따라서 예금보험공사는 굳이 B를 상대로 3년 이상 소송을 하지 않고 주식 양도담보권을 행사하여 B의 경영진을 교체하고, B의 불법행위도 막고, 신축 건물을 신탁사 명의로 이전할 수 있었는데 예금보험공사는 그러하지 아니하였다.

(2) 신탁계약과 대리사무약정상 사업장의 관리 권한이 있는 B가 매매대금 전액을 지급하지 않은 수분양자들을 용역회사를 시켜 강제로 퇴거시킨 후 아파트를 용역회사 직원의 숙소로 사용하게 하였고, 이후에는 B도 용역회사를 통제할 수 없게 되자 용역회사는 자체로 소위 깔세[105]를 놓아 불법수입을 얻고 있는 상황이 되었다.

다. 주식 양도담보권행사를 하지 않은 이유

(1) 당시 예금보험공사를 자문한 법무법인은 소유권이전등기청구 소송이 오래 걸리지 않으리라고 예상하였고, 가처분을 신청하였기 때문에 본안 소송을 하여야 한다는

---

[105] 보증금 없이 월세만 미리 받는 임대차계약

의견을 예금보험공사에 주었을 것이다. 그리고 예금보험공사는 B의 경영권을 확보한 이후 이 사업장의 산적한 문제를 해결할 방안을 갖고 있지 못했을 수도 있다.

(2) 법무법인이나 예금보험공사는 주식 양도담보권을 행사하지 않으면 사업장이 파괴되고 불법행위가 판을 치는 상황이 될 것으로 생각하지 않고 오히려 소송에서 이기는 것이 유일한 해결 방안이라고 생각했을 수도 있다. 소송이라는 나무에 집착하여 부동산개발사업이라는 숲이 파괴되는 것을 보지 못했다. 결과적으로 예금보험공사가 주식의 양도담보권을 행사하지 않는 것은 아쉬움이 남는 일이다.

7. 유치권부존재확인 소송과 명도소송

가. 유치권부존재확인 소송 제기

예금보험공사는 소유권을 확보한 후 시공사인 F로부터 B에 대한 공사대금 채권과 유치권을 이전받았다고 주장하는 H를 상대로 유치권부존재확인 소송과 사해행위취소 소송을 제기하였다.

F가 H에게 공사대금 채권을 이전한 행위가 사해행위로 취소되면 유치권부존재확인 소송에서 승소할 수 있다는 판단에서 소송을 제기한 것이다.

나. 유치권부존재확인 소송 제기의 문제점

(1) 예금보험공사는 2011년 PF대출 당시 F가 제출한 유치권 포기각서를 보관하고 있었다. 따라서 존재하지 않는 유치권을 이전받았다는 주장은 유치권의 존부에 관해서는 주장 자체로 이유가 없었다. 유치권은 법정담보물권이기는 하나 채권자의 이익 보호를 위한 채권담보의 수단에 불과하므로 이를 포기하는 특약은 유효하고, 유치권을 사전에 포기한 경우 다른 법정요건이 모두 충족되더라도 유치권이 발생하지 않는다.

(2) 그리고 유치권 포기로 인한 유치권의 소멸은 유치권 포기의 의사표시의 상대방뿐 아니라 그 이외의 사람도 주장할 수 있다(대법원 2016. 5. 12. 선고 2014다52087 판결).

(3) 예금보험공사는 강력한 조사권과 행정기관에 대한 자료요구권에 의하여 유치권을 주장하는 회사가 건물을 점유하고 있지 않은 사실을 알 수 있었다. 만약 유치권을 주장하는 회사가 임차인을 통해 간접점유하고 있다고 주장하더라도 유치권자의 임대를 통해 간접점유하고 있다는 주장이 유효하기 위해서는 소유자가 유치권자의 임대에 동의나 승낙을 하여야 한다(민법 제324조 제2항). 결론적으로 예금보험공사는 불필요한 소송을 제기한 것이다. 더 나아가 다툴 실익이 없는 상대방을 상대로 소송을 제기함으로써 상대방의 존재가치를 부각시

킨 결과가 되어 오히려 사업의 매각에 장애가 되었다. 사해행위취소 소송은 1년 정도 경과한 2018년 말에 F 가 H에게 공사대금 채권을 양도한 행위 자체는 사해행 위가 아니라는 이유로 예금보험공사가 패소하였다.

다. 명도소송의 필요성

예금보험공사는 3년 이상의 소유권 이전을 위한 소송이 진 행되는 동안 불법행위자들이 사업장을 점유하고 있는 사실 을 알고 있었으므로 유치권부존재확인 소송이 아니라 문제 를 종국적으로 해결할 수 있는 명도소송을 제기했어야 했 다. 부동산개발사업에서 개별 소송의 제기 여부는 개별 소 송의 승패가 아니라 소송의 제기가 부동산개발사업의 가치 를 높이는 데 도움이 되는 가를 판단한 후에 결정하여야 한다.

8. G의 매각 방해

가. 1순위 우선수익권, 주식 양도담보권, 채권의 공매

(1) 예금보험공사는 2018년 말경 잠재적 매수자들에게 사 업의 장애 요인과 해결 방안에 대한 설명서를 교부하 고, 부동산개발사업의 매각 경험이 있는 매각주관사가 사업장에 관하여 잠재적 매수자에게 직접 설명하는 방식으로 부동산개발사업의 자산을 매각하는 '신 매각 방법[106]'에 의하여 본 사업장의 1순위 우선수익권, 주

식 양도담보권, 채권의 일부를 공개 매각하기로 결정하였다.

(2) 예금보험공사로부터 부동산개발사업의 장애 요인과 해결 방안에 대한 설명서 작성, 매수자의 발굴 및 매각 절차의 주관을 위한 용역을 의뢰받은 매각주관사는 진행 중인 각종 소송에 개입하여 매각에 장애가 되는 기존 주장을 취소하고, 관련 자료를 검토하여 개발사업의 장애 요인과 해결 방안 및 개발사업의 성공을 위한 설명서를 만들어서 대형 건설사와 부동산개발사업자들에게 전달하고 일간 신문에 공고하였다.

나. 신탁사 G의 1순위 우선수익권 양도 동의 거부

(1) 이 사업장에 대하여 많은 건설사와 개발사업자가 관심을 보이는 상황에서 돌연 신탁사 G가 수분양자의 문제

---

106) 앞서 살펴본 바와 같이 예금보험공사의 주 업무는 예금자 보호를 위한 업무가 대부분이고, 부동산개발사업을 직접 지휘하거나 관리할 수 있는 조직을 별도로 갖고 있지 않다. 그러나 예금보험공사는 부동산개발사업을 매각하여 공적자금을 회수하는 업무를 효과적으로 하기 위해서는 부동산개발사업에 대하여 잘 알고 있어야 한다. 이러한 문제를 해결하기 위하여 부동산개발사업의 매각 경험이 있는 법률전문가에게 사업장의 장애 요인과 해결 방안에 대한 설명서를 작성하는 용역을 의뢰하여 용역의 결과물인 설명서를 첨부하여 공매를 진행하는 것을 '신 매각 방법'이라고 한다. 이와 같은 신 매각 방법은 2018년 4월경에 시작하였는데 예금보험공사가 관리하고 있던 상당수의 부동산개발사업을 매각주관사 없이 매각할 수 있었다. 그런데 재구성을 한 부동산개발사업의 경우는 법률관계 및 당사자들의 이해관계가 너무 복잡하고, 상황이 급속도로 악화하고 있어서 부득이 법무법인에게 매각주관을 의뢰한 것이다.

를 해결하지 않으면 1순위 우선수익자 변경에 동의하지
않겠다고 하였다.

(2) 앞서 제2장 Ⅱ. 4. 나.에서 살펴본 바와 같이 담보신탁
에서 신탁사는 분양대금을 '단축급부'로 수령한 것뿐이
며, 분양계약의 당사자가 아니므로 수분양자에게 분양
대금을 반환할 의무가 없다. 만에 하나 신탁사에 분양
대금반환의무가 있다 하더라도 공매로 인한 매각 대금
을 공탁하는 등의 조치를 취하는 문제는 추후 별도 논
의를 하더라도 신탁사에는 공매를 방해하거나 1순위 우
선수익자의 변경에 동의하지 않을 권리는 없다.

(3) 매각주관사는 신탁사의 주장에 대하여 신탁사가 분양계
약서 관리를 제대로 하지 못한 사실과 분양승인을 받지
않은 상태에서 분양계약서를 위탁자에게 교부한 사실
에 대한 책임을 면하기 위하여 우선수익자의 변경에 동
의하지 않는 것은 신탁재산에 손해가 되는 행위로서 자
본시장법을 위반하는 행위라고 강변하였으나 신탁사는
동의하지 않았다.

다. 공매절차이행청구 소송 및 의사표시에 갈음할 재판

(1) 당시 매각주관사는 부동산개발사업의 잠재적 매수인들
에게 신탁사 G의 부당한 주장을 알려주면서 다음과 같
은 방안을 제시하였다.

(2) 공매를 통하여 1순위 우선수익권을 양수하였음에도 신탁사가 1순위 우선수익권 변경에 동의하지 않을 경우는 민법 제389조 제2항[107]과 민사집행법 제263조 제1항[108]에 의하여 신탁사의 동의에 갈음하는 재판을 받아 1순위 우선수익자를 변경할 수 있다. 만약 1순위 우선수익자가 된 이후에 신탁사가 신탁재산을 공매하지 않을 경우는 신탁사를 상대로 공매절차이행을 구하는 소송을 제기하여 공매를 진행할 수 있다.

(3) 당시 대부분의 잠재적 매수인들은 신탁사의 주장이 부당하다는 사실을 잘 알고 있었고, 신탁사의 동의 여부와 관계없이 공매에 참여할 뜻을 밝혔다.

9. V의 사업권 인수와 개발사업의 정상화

2019년 9월 드디어 본 부동산개발사업은 중요 자산을 매입하는 방법에 의하여 도전적인 부동산개발사업자인 V에게 최종 양도되었다. V는 신속하게 아래와 같은 절차를 진행하여 부동산개발사업을 정상화했다.

---

107) 민법 제389조 ② 전항의 채무가 법률행위를 목적으로 한 때에는 채무자의 의사표시에 갈음할 재판을 청구할 수 있다.

108) 민사집행법 제263조 ① 채무자가 권리관계의 성립을 인낙한 때에는 그 조서로, 의사의 진술을 명한 판결이 확정된 때에는 그 판결로 권리관계의 성립을 인낙하거나 의사를 진술한 것으로 본다.

가. 1순위 우선수익자 변경

양수인인 V로 1순위 우선수익자 변경을 요청하자 신탁사는 즉시 V를 1순위 우선수익자로 등재하기 위해 신탁원부를 변경하였다.

나. 명의개서 및 임시주주총회 요청

양수인 V는 주식 양도담보권자로서 B에 주식 명의개서 및 임시주주총회[109]의 소집을 내용증명으로 요청하였다. B의 대표이사가 내용증명 수령을 거부하자 법원을 통한 집행관 송달 방법으로 송달을 하였다.

다. 임시주주총회소집 신청 및 법원의 허가 결정

(1) 소집 신청

V는 7일이 지나도 B로부터 명의개서나 임시주주총회소집에 대한 답변이 없자 상법 제366조에 의한 임시주주총회소집허가 신청서를 법원에 접수하였다. 허가조건은 ① 100분의 3 이상에 해당하는 주식을 가진 주주일 것 ② 회의의 목적 사항과 소집의 이유를 기재한 서면을 이사회에 제출하여 소집청구를 요구하였을 것 ③ 소집청구 후 이사회가 지체 없이 총회소집의 절차를 밟지 아니하였을 것 ④ 그 소집청구가 권리남용에 해당하지 않을 것

---

109) 임시주주총회의 안건은 임시의장의 선출과 대표이사 해임 및 선임으로 한다.

(판례상 요구)이다.

(2) 허가 결정

법원은 다음과 같은 내용으로 주주총회소집을 허가하였다. 신청인이 사건본인(주식회사 B)의 대표이사에게 위 주식에 관한 명의개서를 요구하고, 임시주주총회의 소집청구를 하는 서면을 내용증명우편으로 보냈으나 송달불능되었고, 이후 이 법원을 통해 위 내용증명우편이 포함된 신청서 사본이 송달되었음에도 사건본인은 이 사건 심리종결일 현재까지 명의개서 절차 및 임시주주총회의 소집절차를 밟고 있지 않은 사실이 소명된다. 위 소명 사실에 의하면, 신청인이 비록 사건본인의 주주명부에 주주로 기재되지는 않았으나 그 명의개서가 부당하게 지연된 것으로 보여 주주권을 행사할 수 있는 예외적인 경우에 해당하여(대법원 2017. 3. 23. 선고 2015다248342 전원합의체 판결) 임시주주총회의 소집을 허가할 필요성이 인정된다. 따라서 상법 제366조에 따라 신청인의 임시주주총회소집청구를 인용한다.

라. 대표이사 변경

임시주주총회에서 대표이사를 V의 직원으로 변경하였다. 대표이사를 변경한 이유는 B를 실제로 경영하려는 목적이 아니고 B가 사업을 방해하는 것을 방지하기 위한 것이다.

마. 불법점유자들에 대한 명도집행

(1) V는 일정 기한을 정하여 현재 점유하고 있는 모든 사람에게 점유할 이유(권원)를 설명하고 자료를 제출해 달라고 요구하고, 만약 기한까지 아무런 답변이 없을 경우는 불법점유로서 법원에 명도집행 청구를 할 것을 예고하였다. 일부 유치권을 주장하는 사람들도 있었으나 대부분 B의 단순 채권자거나 예상한 대로 점유요건을 결한 경우로서 인정되지 않았다.

(2) 실무상 불법점유도 오래되면 사실상 권리가 된다. 점유는 불법으로 시작했으나 유흥업소같이 불법 점유자가 시설투자를 하는 경우는 이해당사자가 다양하고 많아지므로 사실상 명도가 어렵다. 그러나 본 사업장은 주로 아파트이고 상가도 아파트 입주자들을 위한 점포이기 때문에 불법 점유자들이 희생을 각오하면서 명도집행에 저항할 이유가 없는 곳이어서 명도는 어렵지 않았다.

바. 수분양자들과의 합의

(1) 기본 원칙

V의 기본 원칙은 합의 절충이다. 부동산개발사업은 금융비용이 차지하는 비중이 크기 때문에 시시비비를 가리려고 다투는 것보다 일찍 합의하는 것이 사업에 도움이 되는 경우가 많다.

(2) 옥석의 구분

개발사업의 진행 과정에서 살펴본 바와 같이 이 사업장
에는 완전하게 적법한 수분양자는 존재하지 않는다. 그
러나 정상적인 계약으로 알고 신탁사에 계약금과 중도금
을 입금한 사람을 수분양자로 인정하지 않으면 수분양자
와 소송을 할 수도 있다. 실제로 소송의 진행 과정이나
소송의 결과는 예상과 다른 경우가 많다. 그리고 피해자
가 다수인 경우는 단순히 소송에 의해서만 해결될 수 없
는 문제들이 많다. 부동산개발사업에서 허가관청에 대한
집단 민원이 발휘하는 사실상의 힘이 얼마나 강력한 영
향력이 있는지는 부동산개발사업의 경험이 있는 사람이
면 잘 안다. 그러나 이 사업장과 아무런 관련이 없는 단
순 채권자의 경우는 보호해줄 필요가 없고, 특히 채권의
존재 자체도 증명이 안 되는 경우는 계약서가 있다 하더
라도 수분양자로 인정할 수 없다.

(3) 합의의 내용

수분양자로 인정된 사람과는 원래의 분양대금에 추가공
사비를 수분양자 수로 안분한 금액을 합한 금액을 새로
운 분양대금으로 정했다. 대부분의 수분양자들이 동의했
다. 수분양자와 부동산개발사업자가 서로 손해를 감수한
아주 좋은 내용의 합의다.

사. 잔여 공사의 완료와 준공

건물의 잔여 공사를 완료하고 사용승인을 받은 후 대지권을 등기하였다.

아. 아파트 및 상가의 분양

B가 소위 '회사 분'으로 직원 등의 이름으로 차명 계약을 체결한 부분 중 상가는 분양신고를 하고 매각하였고, 30세대가 넘는 아파트는 분양승인을 받아 분양했다.

Ⅳ. 부동산개발사업의 재구성을 끝내며

부동산개발사업은 이 책의 첫머리에서 내린 정의와 같이 거의 예외 없이 토지를 취득하는 절차와 개발행위허가를 전후하여 부동산개발사업 사업권의 가치를 평가한 후 사업권을 매각하여 조기에 투자를 회수하거나 유리한 조건으로 PF대출을 받는 절차가 있다. 분양은 사실 부동산시장의 경기와 관련이 있으므로 합리적인 예측을 할 수는 있으나 누구도 결과를 장담할 수는 없다. 그렇지만 토지와 사업권을 안전하게 잘 관리한 부동산개발사업은 일시적인 경기 변동이 있더라도 종국에는 성공할 가능성이 크다. 재구성한 부동산개발사업은 실재 사례를 기반으로 해서 많은 부분은 생략하였고, 중대한 결정을 해야 하는 부분은 자세하게 설명하였다. 2010년 잘못된 지분 쪼개기를 하지 않았다면, 그리고 2014

년 주식 양도담보권을 행사하여 B의 불법행위를 막을 수 있었다면, 신탁사가 무리한 주장을 하지 않았다면, 그리고 사업을 진작에 도전적인 부동산개발사업자가 인수하였다면 재구성한 부동산개발사업은 많은 사람이 고통을 덜 받고 일찍 종료됐을 것이다.

후 기

    이 책의 독자 중 저자가 부동산개발사업을 직접 시행한 사실이 있는지 의문을 가진 독자가 있을 수 있다. 저자는 몇 건의 부동산개발사업에서는 비록 적으나마 지분이 있기는 했다. 그러나 사업의 모든 위험을 부담하는 부동산개발사업을 한 적은 없다.

    저자와 같이 일을 했던 부동산개발사업자들이 저자에게 가장 많이 하는 질문은 분쟁의 결과에 관한 것이 아니라 분쟁 상대방이 원하는 것이 무엇인지에 관한 것이다. 이런 질문을 받으면 저자는 바로 의뢰인인 부동산개발사업자에게 본인이 원하는 것은 무엇이냐고 다시 질문한다. 그리고 그때부터 합의를 위한 구체적 방안을 검토하고 상대방이나 상대방의 대리인과 접촉을 한다. 일반적인 소송은 여러 형태의 합의 시도 후에 합의가 무산된 경우에 소송을 제기한다. 그러나 부동산개발사업과 관련된 소송은 합의를 목적으로 시작되는 경우가 많다. 부동산개발사업과 관련한 소송은 원인이 된 부동산개발사업 자체가 진행 중이어서 객관적인 사정이 계속 변하기도 하고, 부동산개발사업이 지연되거나 중단되면 누구에게도 이익이 되지 않기 때문에 합의할 기회가 많다. 대부분의 실패한 부동산개발사업은 소송을 길게, 끝까지 간 사례가 많다. 충분히 합의할 수 있었는데 합의의 기회를 잃은 경우다.

    부동산개발사업 자문 변호사의 가장 좋은 덕목은 전문적인 법률지

식이나 소송기술보다 소송 상대방과 의뢰인의 의도를 읽는 능력이다. 그리고 자문 변호사는 소송이 부동산개발사업에 어떠한 영향이 미칠 수 있는지를 파악하고 있어야 한다. 예를 들어 유치권자가 원하는 금액은 상대적으로 소액인데 수백억 원이 넘는 부동산을 점유하고 있는 경우가 있다. 유치권자는 실제로 받고자 하는 금액만을 요구할 경우 그 금액마저도 받지 못할까 봐 용역을 동원하고 바리케이드를 치고 곤돌라를 세우는 과도한 행위를 하는 것이다. 그런데 정작 유치권자의 상대방은 유치권자의 과도한 행위에 주눅이 들어 합의를 시도조차 못 하고 유치권부존재확인 소송을 제기한다. 그러나 유치권 관련 소송에서 유치권을 다투는 당사자는 유치물의 소유자일 뿐 유치권자의 채무자가 아닌 경우가 많다. 이 경우 피담보채권액이 얼마인지는 심리대상이 아니므로 유치권자가 채권 일부만 입증해도 승소할 수 있다. 이런 경우 소송을 제기하기보다는 유치권자와 계속 접촉을 시도하고, 유치권자의 경제적 상황을 파악하면 유치권자가 원하는 금액이 어느 정도이고 그 금액이 합리적인 금액인지를 어렵지 않게 알 수 있다. 부동산개발사업에서는 소송을 통한 분쟁의 해결보다 합의를 위한 적극적인 노력이 필요하다.

이 책은 부동산개발사업 사업권의 정의와 부동산개발사업 사업권의 가치와 부동산개발사업 사업권의 가치산정 방법을 설명하기 위하여 많은 부분을 할애하였다. 지금까지 부동산개발사업이나 부동산개발사업의 사업권에 대한 개념이나 정의 그리고 부동산개발사업 사업권의 가치산정 등에 대하여 본격적으로 논의된 적이 없다. 그러나 부동산개발사업의 사업권은 실제로 합리적인 가격에 거래가 되고 있다. 따라서 본서에서 제기하는 부동산개발사업과 사업권의 가치에 대한 논의가 앞으로 활발해지기를 바란다.

본서에서는 부동산개발사업을 설명하기 위하여 부득이 과거 법원의 판결과 예금보험공사의 판단이 일부 잘못된 점을 지적했다. 판결은 원칙적으로 당사자주의에 따라 당사자의 주장 입증이 있어야만 판단할 수 있고, 사실을 인정할 수 있는 점, 그리고 예금보험공사도 많은 업무를 수행하면서 업무의 우선순위가 있어서 적시에 정확한 판단을 못 할 수 있는 점은 이해가 된다. 그러나 이 저서의 합리적인 지적은 향후 판결업무 및 공적자금회수업무에 반영되길 바란다.

2014년 봄 설립된 지 10년이 지난 지역주택조합이 행정관청의 업무처리 지연과 전임 조합장의 비리 등으로 표류하다가 조합원들이 자금을 출연하여 주택건설사업계획신청과 동시에 금지사항의 부기등기(제2장 Ⅲ.에 자세하게 설명하였다)를 신청하였다. 그런데 관할 등기소장은 대법원 부동산 등기예규에는 주택조합의 경우도 주택건설사업계획승인을 받았다는 확인서면을 제출하여야 하고 만약 확인서면을 제출하지 않으면 등기신청을 각하하겠다는 통보를 하였다.

이와 같은 상황에서 사업을 반대하는 세력이 허위 서류와 함께 사업 부지에 대한 가압류 신청서류를 법원에 제출하여 법원으로부터 청구 금액이 수백억 원인 가압류결정을 받았다. 당시 법원이 사업 부지에 대한 가압류 등기촉탁을 위하여 관할 등기소에 가압류결정문을 송달하는 절차만 남아 있었다. 만약 사업 부지에 가압류가 경료될 경우 가압류를 말소할 때까지 사업승인은 물론 분양승인을 받을 수가 없었다.

이는 당시 주택법의 개정으로 주택조합의 경우에는 주택건설사업계획승인 신청일에 금지사항의 부기등기를 할 수 있도록 규정하였음에도 대법원이 등기예규인 '주택법 제61조 제3항에 따른 금지사항의 부기등기에 관한 업무처리지침'에 이에 관한 내용을 개정하지 않았기 때문에 생긴 일이었다. 대법원의 하부 조직인 등기소는 법률에 따르는 것이 아니라 대법원의 등기예규에 따른다.

지역주택조합을 자문하던 저자는 급히 등기예규의 개정을 요청하는 진정서를 작성한 후 대법원 법원행정처를 방문하여 즉시 개정이 되지 않으면 수백 명의 무주택조합원으로 구성된 지역주택조합의 사업이 또다시 10년 이상 표류할 수 있다는 사실을 설명하였다. 그리고 등기소에는 대법원에서 등기예규 개정작업 중이므로 각하결정을 보류해 달라고 요청을 하였다.

등기예규 개정 문제가 해결된 직후에 반대 세력의 가압류 등기촉탁이 되었으나 가압류 등기촉탁은 각하되고, 금지사항의 부기등기가 경료되었다. 이후 주택조합은 주택건설사업계획승인을 받고 사업을 정상적으로 진행하였으며, 무주택조합원들은 본인 소유 아파트에 입주할 수 있었다. 가끔 이 아파트를 지날 때면 등기예규의 개정에 대한 기억이 떠올라 흐뭇한 미소를 짓기도 한다. 변호사도 때로는 발로 뛰어야 한다.

부동산개발사업의 재구성은 실재 사례를 약간 각색한 후 소개하면 독자들이 부동산개발사업을 이해하는 데 도움이 될 것으로 생각했다. 기회가 된다면 신 동백지구의 도시개발사업을 재구성하고 싶다.

대부분이 한센인인 마을 주민들과의 약속 때문에 8년간 사업이 진행되는 동안 사업자가 3번이나 바뀌었는데 저자만 계속 자문했다. 그 8년 동안의 시행사와 금융기관의 부침 그리고 부동산 개발로 인한 토지주들의 희망과 절망을 소개하면 좋겠다. 부동산개발사업의 현장은 어떤 소설이나 드라마보다 극적이다. 신사동 리버사이드 호텔을 경락받아 5년간 개발을 시도하다가 결국은 사업권을 양도할 수밖에 없었다. 그리고 법의 울타리 밖에서 강한 사람들과 약하고 선량한 사람들이 살아가고 있는 현장을 목격했다. 건설사가 망하는 상황에서 엄청난 부를 이루는 아이러니에 놀라기도 했다. 이 모든 것들을 재구성해서 독자들에게 알려줄 기회가 마련되길 바란다.

 부동산개발사업자가 이상적으로 생각하는 부동산개발사업은 좋은 땅을 저렴하고 신속하게 사고, 쉽게 개발행위허가를 받은 후 좋은 조건으로 사업 자금을 대출받아 실력 있는 건설사가 공사하여 훌륭한 건축물을 건축하고, 고가로 분양하여 사업 이익을 내는 일일 것이다. 그러나 부동산개발사업은 우리의 인생처럼 우여곡절이 많다. 예측하고 준비한다면 좋은 결과가 있을 것이다.

저자

본서에 인용된 판결

제 4 장 건축물의 공급과 관련한 쟁점

제 5 장   부동산개발사업의 재구성

Ⅱ. 부동산개발사업의 재구성

찾아보기

저자 우덕성

법무법인 민 대표변호사
전 예금보험공사 PF사업(부동산개발사업) 매각주관사 대표

용인의 신동백지구 도시개발사업, 경기도 광주의 지역주택개발사업, 서울의 도심재개발사업 및 제주와 용인의 골프장개발사업을 비롯한 다수의 부동산 개발사업을 자문하였다. 예금보험공사가 관리하는 중요 부동산개발사업의 매각을 위한 보고서를 작성하고, 예금보험공사의 부동산개발사업 매각업무를 수행하였다.

부동산개발사업(성공과 실패)

초판발행	2021년 7월 15일
지은이	우덕성
펴낸이	안종만 · 안상준
편 집	한두희
기획/마케팅	조성호
표지디자인	이미연
제 작	고철민 · 조영환
펴낸곳	(주)**박영사**
	서울특별시 금천구 가산디지털2로 53, 210호(가산동, 한라시그마밸리)
	등록 1959. 3. 11. 제300-1959-1호(倫)
전 화	02)733-6771
f a x	02)736-4818
e-mail	pys@pybook.co.kr
homepage	www.pybook.co.kr
ISBN	979-11-303-3952-8 93360

copyright©우덕성, 2021, Printed in Korea

정 가   27,000원